KB057239

러시아
RUSSIA

안나 킹, 그레이스 커디히 지음 · 이현숙 옮김

세계의 **풍습과 문화**가 궁금한
이들을 위한 **필수 안내서**

세계 문화
여행

러시아

R U S S I A

시그마북스
Sigma Books

세계 문화 여행 _ 러시아

발행일 2021년 10월 11일 초판 1쇄 발행

지은이 안나 킹, 그레이스 커디히

옮긴이 이현숙

발행인 강학경

발행처 시그마북스

마케팅 정제용

에디터 류미숙, 장민정, 최윤정, 최연정

디자인 김은경, 김문배, 강경희

등록번호 제10-965호

주소 서울특별시 영등포구 양평로 22길 21 선유도코오롱디지털타워 A402호

전자우편 sigmabooks@spress.co.kr

홈페이지 http://www.sigmabooks.co.kr

전화 (02) 2062-5288~9

팩시밀리 (02) 323-4197

ISBN 979-11-91307-75-7 (04900)

978-89-8445-911-3 (세트)

러시아전도

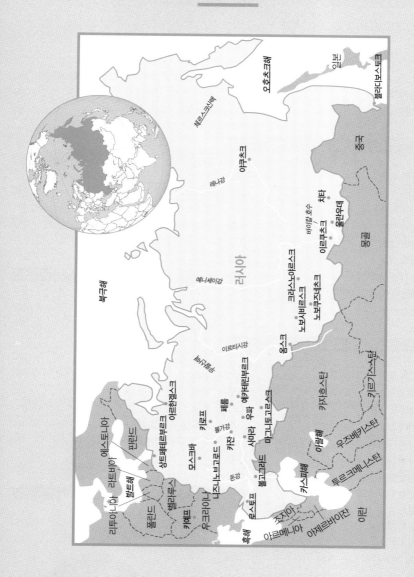

러시아

북극해

오호츠크해

일본

블라디보스토크

중국

몽골

체르스키산맥

아쿠추크

레나강

치타

울란우데

바이칼 호수

이르쿠츠크

노부쿠즈네츠크

크라스노야르스크

에니세이강

노보시비르스크

옴스크

오비강

이르티시강

예카테린부르크

카자흐스탄

키르기스스탄

페름

우파

마그니토고르스크

아랄해

우즈베키스탄

카모프

상트페테르부르크

니즈니노브고로드

이콜한겔스크

볼가강

사마라

카잔

투르크메니스탄

이란

에스토니아

핀란드

라트비아

리투아니아

발트해

벨라루스

모스크바

돈강

볼고그라드

카스피해

카자흐스탄

아제르바이잔

아르메니아

조지아

흑해

로스토프

키예프

우크라이나

폴란드

차   례

러시아는 세계에서 가장 큰 영토를 지닌 나라다. 가장 불가사의하고, 복잡하며, 글로 쓰기 참으로 어려운 나라 중 하나이기도 하다. 우리 머릿속에는 '러시아' 하면 떠오르는 몇 가지 전형적인 이미지들이 있다. 다 해진 얇은 코트를 입고 머리에는 스카프를 두른 웃음기 없는 얼굴의 바부시카(러시아인 할머니)나 모피를 휘감은 매력적인 모델, 혹은 붉은 광장 퍼레이드에서 쩌렁쩌렁 울리는 부츠의 저벅거리는 소리일 수도 있고, 차이코프스키의 호두까기인형에서 공연하는 발레리나의 깃털처럼 가벼운 우아함이나 신흥 졸부의 황금 롤렉스, 또는 러시아 정교회의 영적 중심지 세르기예프 포사트 대수도원의 빛나는 돔일 수도 있다.

러시아는 유라시아에서의 지리적 위치와 극단적 기후에서부터 점차 변화하는 생활수준과 각 지역에 따라 상반되는 가치에 이르기까지 온통 모순투성이다.

러시아의 군사력과 정치력은 풍요로운 예술과 문화와 마찬가지로 다른 나라 사람들이 잘 이해하지 못하는 내면의 역동성이 빚어낸 결과물이다. 또한 러시아는 고유한 언어와 종교를 가지고 있으며 비극적인 역사를 지닌 나라이기도 하다. 그래서인지 러시아인들은 좀처럼 종잡을 수 없다.

물론 유럽에서 태평양까지 아우르는 지역에 분포한 1억 4천 4백만 명을 하나의 상자에 구겨 넣은 한 묶음으로 치부하는 것은 옳지 않다. 가령 모스크바 사람은 남부 쿠반 지역 출신인 코사크(카자흐스탄) 사람이나 러시아 최북단에서 온 사냥꾼, 또는 우랄에서 일하는 공장 노동자와는 행동 양식에서 차이가 있을 것이다. 그렇지만 러시아의 정치인들과 작가, 그리고 철학자들은 끊임없이 '러시아의 영혼에 관한 수수께끼'로 돌아가 러시아인 특유의 행동과 러시아식 발전을 거론한다. 분명 러시아는 지역마다 차이가 있지만 그래도 역사와 전통 및 가치를 공유하고 있기 때문이다.

러시아를 여행하는 여행자들은 항상 똑같은 질문에 대한 답을 얻고 싶어 한다. "어떤 것을 경험해야 할까요? 어떻게 친구를 사귈 수 있나요? 러시아에서 사업하는 특별한 방법이 있습니까?", "피해야 할 것이 있나요?" 《세계 문화 여행_러시아》는 당신이 더욱 통찰력 있고 아량 넘치는 여행자가 되어 여행에서 개인적으로 더 큰 성취를 이루는 데 도움이 될 것이다. 또한 이 책은 러시아의 격동적인 과거와 역설적인 현재 사이의 연관성을 탐구한다. 일례로 제시되는 다양한 일화는 오늘날 러시아인들이 지닌 가치와 태도를 설명하고 이들에게 기대할 수 있는 것은 무엇이며 다른 사회적 상황에서 어떻게 행동해야 하는지에 관한 실용적 조언을 제공한다. 이 책의 목적은 당신에게 러시아인들이 어떤 사람들인지와 그들의 관용, 믿음, 열망, 생각, 그리고 유흥과 사업 방식을 재차 소개하는 것이다. 당신이 러시아에 대해 마트료시카(러시아 인형), 트로이카, 발랄라이카(칵테일)를 넘어 더 큰 호기심을 가지고 있다면 이 책은 바로 당신을 위한 것이다.

다브로 빠좔로바츠 Dobro pozhalovat!(환영합니다!)

기본 정보

공식 명칭	러시아연방	러시아는 현재 국제무역기구(WTO) 정식 회원이다.
수도	모스크바	인구는 대략 1,219만 명
주요 도시	상트페테르부르크(제2의 도시), 인구는 대략 540만	노보시비르스크, 예카테린부르크, 니즈니, 노브고로드, 카잔, 첼랴빈스크, 옴스크, 사마라, 로스토프나도누
면적	약 1,710만 km²(대한민국의 약 170배)	세계에서 가장 큰 나라로 전 세계 면적의 9분의 1에 해당한다.
국경	노르웨이, 핀란드, 에스토니아 라트비아, 리투아니아, 폴란드, 벨라루스, 우크라이나, 조지아, 아제르바이잔, 카자흐스탄, 몽골, 중국, 북한	구소련의 몇몇 회원국들과는 더 이상 인접해 있지 않다.
기후	북극의 북쪽에서 흑해의 남쪽 위도에 이르는 넓은 지역에 걸쳐 매우 다양하며, 서쪽으로는 온난한 해양성 기후의 영향을 받는다.	대체로 11월부터 4월까지 눈과 얼음이 가득한 길고 추운 겨울이고, 4월과 5월이 해빙되는 봄이며, 6월부터 9월까지는 더운 여름이다.
인구	최근 추정치는 약 1억 4,450만 명이다.	약 77%가 현재 유럽의 러시아에 살고 있다.
민족 구성	인구의 80%가 러시아인이지만 상당수의 소수민족이 있다.	소수민족으로는 타타르족, 우크라이나인, 추바시족, 벨라루스인, 바시키르족, 체첸인이 있다.
언어	러시아어	자치공화국에서는 다른 언어들도 사용된다.
종교	러시아 정교회	기타 종교로는 이슬람교, 불교, 유대교, 비정교 기독교
정부	선출직 대통령 및 상하 양원제의 다당제 민주주의	현재 85개의 행정구역이 있으며, 자율성의 정도는 다양하다. 단 국제 사회는 크림반도와 세바스토폴을 러시아 행정구역으로 인정하지 않는다.
통화	루블=100코펙	

언론 매체	주요 신문으로는 「콤소몰스카야 프라우다」와 「코메르산트」가 있다. 뉴스 대행사로는 이타르-타스 통신과 리아 노보스티(국유) 및 인테르팍스(민간)가 있다.	영어신문인 「모스크바 타임스」는 온라인에서만 볼 수 있다. 많은 호텔에는 위성 TV가 있다.
전압	220V, 50Hz	핀이 2개인 C형 플러그를 사용한다. 미국식 장치에는 어댑터를 사용해야 한다.
비디오/TV	PAL/SECAM 시스템	NTSC TV 방식은 사용할 수 없다.
인터넷 도메인	.ru	
전화	국가번호 7, 모스크바 지역번호는 495, 상트페테르부르크 지역번호는 812	러시아에서 전화를 걸려면 (시외일 경우) 8번으로 전화를 건 다음, 10번을 누르고 나서 국가번호를 누른다.
시간	러시아는 11개의 시간대에 걸쳐 있고, 모스크바와 상트페테르부르크는 그리니치 표준시/협정 세계표준시보다 3시간 빠르다(한국보다 6시간 느림).	러시아는 더 이상 봄과 가을에 시간을 조정하지 않는다.

01

영토와 국민

러시아인들에게 자신들이 유럽인인지 혹은 아시아인인지 물어본다면 대부분은 그저 두 대륙의 거대한 땅에 터를 잡고 사는 '러시아인'이라고 대답할 것이다. 그들은 이런 단순한 분류를 가볍게 무시해버린다. 러시아는 유럽의 문학, 예술, 음악에 크게 이바지했다. 러시아 영토의 3분의 2는 아시아에 속해 있지만, 인구의 4분의 3 이상이 유럽 지역에 모여 산다. 가장 큰 도시는 모스크바, 상트페테르부르크, 노보시비르스크다.

영혼의 지형

지도를 펼치는 순간부터 우리 눈에 모순이 발견된다. 미국의
일부 지리학책에서 러시아는 '아시아의 북쪽에 있는 나라'로
소개된다. 우랄산맥이 지리적으로 유럽과 아시아의 경계를 형
성하고 있어서 러시아를 아시아와 유럽 사이에 끼어 있다고
설명하는 것이다. 하지만 발트해에서 태평양까지 뻗어나간, 전
세계 육지의 6분의 1에 달하는 광활한 땅덩어리에 시간대가
무려 11개나 되는 이 거대한 나라를 두고 '끼어 있다'라고 말
하는 것은 사뭇 적절해 보이지 않는다.

　러시아인들에게 자신들이 유럽인인지 혹은 아시아인인지
물어본다면 대부분은 그저 두 대륙의 거대한 땅에 터를 잡고
사는 '러시아인'이라고 대답할 것이다. 그들은 이런 단순한 분
류를 가볍게 무시해버린다.

　러시아는 유럽의 문학, 예술, 음악에 크게 이바지했다. 러시
아 영토의 3분의 2는 아시아에 속해 있지만, 인구의 4분의 3
이상이 유럽 지역에 모여 산다. 가장 큰 도시는 모스크바, 상
트페테르부르크, 노보시비르스크다.

　매년 9월에 시작되는 새 학기의 첫 수업은 전통적으로 '우

리의 조국과 그 광활한 영토'에 관한 이야기로 포문을 연다.

동유럽(러시아) 평원, 중부 시베리아 고원, 중앙 야쿠트 평원과 같은 광활한 평원이 영토 대부분에 펼쳐져 있는데 모스크바에서 태평양 연안 도시인 블라디보스토크까지는 비행기로 8시간이 걸린다.

철학자 니콜라이 베르댜예프는 이렇게 썼다. "러시아의 광활한 땅과 러시아인의 정신 사이의 상관관계, 즉 물리적 지형과 영혼의 지형 사이에는 깊은 연관성이 있다. 러시아인들의 마음속에는 러시아의 드넓은 땅, 가도 가도 끝이 없는 대평원

우랄산맥 서쪽의 러시아 평야에 있는 페름 변경주의 비세라 강은 11월부터 4월까지 얼어 있다.

이 펼쳐져 있다."

　러시아인들은 종종 그들이 공감하고 지지하는 사람에 대해 "마음이 드넓다."라고 말한다. 러시아의 거대한 땅이 영향을 미친 부분은 더 있다. 관광객들은 건축물에서부터 음주에 이르기까지 그 엄청난 규모를 쉽게 알아볼 수 있다. 당신이 만나게 될 사람들, 그들은 마음을 터놓고 지내는 동안 기쁠 때나 슬플 때나 다소 과장되어 보일 것이다.

　러시아에는 천연자원이 풍부해서 석유, 가스, 금, 다이아몬드에서 비철금속 및 목재에 이르는 전 세계 광물자원의 4분의 1이 매장되어 있다. 하지만 혹독한 기후, 먼 이동 거리, 인력 부족 등 여러 장애물은 개발을 더디게 했다. 거기에 더해 육지 의 절반이 영구 동토층으로 덮여 있어서 전체 국토의 8%만 경 작할 수 있다. 그밖에 쿠릴 열도의 활화산, 시베리아 곳곳에서 봄에 자주 발생하는 홍수, 그리고 여름에 찾아오는 산불이나 캄차카반도의 지진 등까지 더하면 이 땅의 풍요로움이 마냥 축복으로만 보이지 않을 수도 있다.

기후

러시아는 열대 기후를 제외한 모든 기후대에 걸쳐 있다. 대부 분 지역이 여름과 겨울의 기온차가 뚜렷한 대륙성 기후를 보 인다. 한 예로 사하공화국의 오이미아콘 마을은 평균 겨울 기 온이 -47°C로 세계에서 가장 추운 지역 중 하나다. 거기에는 기온이 -71.2°C까지 뚝 떨어진 날을 기념하는 기념비도 있다. 하지만 모스크바 시민이라면 누구든 지난 10여 년간 겨울이 갈수록 더 따뜻해졌다고 말할 것이다. 이는 러시아 역시 지구 온난화의 영향을 비켜 가지 못한 탓인데, 물론 날씨가 춥게 느껴질 수도 있다. 하지만 20년 전만 해도 이곳은 정말 말도 안 되게 추웠다!

러시아 남부는 아열대성 기후로 연중 8℃ 정도의 기온을 보인다. 여름 기온은 26~32℃에 이르지만 가끔은 50℃를 웃도는 극심한 불볕더위를 보이기도 한다. 겨울철 추위가 매서운 모스크바나 습하고 바람이 거세게 부는 상트페테르부르크 날씨가 지나치게 부담스럽게 느껴진다면 비행기로 가까운 거리에 있는 소치시가 좀 더 쾌적할 수도 있다.

러시아의 겨울은 유럽보다 훨씬 더 길다. 따라서 2월이나 3월에 눈이 녹을 것이라고 기대해서는 안 된다. 4월에도 눈이 오

시베리아 남서부 케메로보 지역의 테바 마을

거나 혹한이 찾아올 수 있고 심하면 5월까지 계속된다. 농사일이 집중되는 시기는 여름철 서너 달 정도에 불과하다. 짧은 기간 일사불란하게 일하는 러시아 특유의 '시뚜루맙시나'가 생겨난 것이 바로 이 때문이다. 또한 짧은 수확 기간과 예측하기 힘든 날씨 탓에 파종하는 데 늘 위험 부담이 따랐으므로 요행을 바라는 '만약'이라고 운을 띄우는 가정적 사고방식이 자연스럽게 스며들었다. 만약 수확에 실패하면 물고기를 잡으러 가면 된다는 식이다. 삶을 대하는 이런 자세는 러시아인들의 성격 특성 중 하나인 회복력을 설명하는 데 쓰인다. 모든 것을 잃고 난 뒤에 정치인들의 갑작스러운 결정에 떠밀려 강제 이주한 후에도, 혹은 경제 위기를 맞고 나서 다시 일어설 힘을 얻는 러시아인의 원동력은 바로 여기서 나온다. 이는 또한 러시아인들이 시골 별장인 다차에서 가만히 앉아 느긋하게 화창한 날씨를 즐기지 못하고 애써서 힘들게 일하는 이유를 설명해주기도 한다.

그들은 여름철 몇 달 동안 추운 겨울에 대비해 절임용 과일과 채소를 기르는 데 시간을 들인다. 옛 소련 시절 식량 부족에 시달리던 당시의 많은 러시아인이 이런 방식으로 식품을 저장하곤 했는데, 그 전통이 오늘날까지 이어지고 있는 것이다.

러시아의 호수, 강, 바다

러시아에는 12만 개의 강이 3백만km에 걸쳐 길게 뻗어 있으며 전국에 2백만 개의 담수와 해수 호수가 산재해 있다. 러시아의 국가적 상징이자 유럽에서 가장 긴 볼가강은 모스크바 북서쪽에서 발원하여 카스피해까지 흘러간다. 강은 러시아인의 삶에서 매우 중요한 역할을 한다. 음식과 교통 및 무역을 제공해주기 때문이다. (예를 들어 그 유명한 니즈니노브고로드 무역박람회는 두 개의 큰 강, 즉 볼가강과 오카강이 합류하는 지점에서 발달했다).

러시아는 북극해, 흑해, 발트해, 태평양과 같은 바다로 둘러싸여 있지만 항구 도시는 내륙의 거대한 영토와 연결되어 있지 않다. 따라서 사회학자들이 줄곧 이야기하는 '대륙의' 내향적인 러시아식 사고방식은 사실상 인구 대부분이 국제적 영향력에서 고립된 나라의 사람들에게서 전형적으로 나타나는 현상이다. 러시아 영토의 대부분은 바다에서 402km 이상 떨어진 곳에 있다. 이 사실은 2014년 논란을 일으킨 러시아연방의 크림반도 합병에 일정 부분 원인을 제공한 것으로 보인다. 크렘린궁을 점점 더 우려하게 만드는 요인으로는 많은 사람이 크림반도와 세바스토폴에 있는 러시아 흑해 함대를 꼽았다.

러시아연방

서로 다른 기후와 생태학적 권역의 영향으로 러시아의 인구 밀도는 여러 지역에서 각기 다르게 나타나며 이로 인해 필연적으로 민족적, 그리고 문화적 차이를 불러일으킨다. 지리학자들은 종종 그러한 지역적 특성을 정의해 보고자 노력을 기울여왔다. I. 라잔체프와 A. 자발리신은 '러시아 십자가'라는 흥미로운 개념을 펼쳤는데, 기후 조건과 문화 및 역사에 따라 국가를 4개의 주요 지역으로 나누었다.

【 서부 지역: 유럽의 러시아와 우랄산맥 】

이 지역은 러시아 문명의 요람으로서 인구 밀도가 가장 높고 경제적으로 가장 발달한 지역이다. 주요 군사 시설 및 거대한 산업 기지가 자리 잡고 있을 뿐만 아니라 우랄산맥에만 55개의 천연자원 매장지 중 48개가 몰려 있다. 이 지역은 구소련과 구소련 붕괴 이후 사회 및 경제 실험이 활발했던 주요 실험장이었으며 개혁의 중추와 공산주의를 지지하는 보수 성향이 뚜렷한 지방의 '붉은 벨트' 사이에서 벌어진 '심리전'의 주요 격전지였다.

【 동부 지역: 남부 시베리아, 바이칼 호수, 극동의 남부 】

이곳은 시베리아 횡단 철도 주변 및 태평양 연안 주변에 자리한 지역으로 인구 밀도가 낮고, 지역 정체성이 강하다. 시베리아에 사는 사람들은 시비랴크, 극동에 사는 사람들은 달네보스토치니키로 알려져 있다.

시비랴크는 강인하고 근면하며 생존 본능이 뛰어나다. 그들은 18세기 시베리아 개척자들의 후손이거나 예전 수용자들의 손자, 혹은 자녀 중 하나다. 스탈린의 수용소 대부분이 시베리아에 있었는데 혹독한 시련을 견디고 살아남은 생존자 중 3분의 1은 중앙 러시아로 돌아가지 않았거나, 또는 돌아갈 수 없는 사람들이었다. 시베리아는 다른 어떤 지역보다 상호 지원과 강한 동지애를 기반으로 한 사회체계를 이루고 있다.

극동의 태평양 연안에 사는 달네보스토치니키는 중앙에서 더 멀리 떨어져 있고 독립적이며 중앙 정부의 의사결정자들로부터 비행기로 8시간 거리에 살고 있다. 이곳으로 이주한 사람들은 역경에 맞설 각오가 되어 있었고 생존과 번영을 위해 자신들이 가진 자원과 기술에 의존했다.

【 유리시아 북부 】

여기는 대략 위도 60°의 북쪽 지역에 해당한다. 이곳에서는 혹독한 겨울, 영구 동토층, 극지방의 기나긴 밤 때문에 정상적인 농업이 거의 불가능하다. 인구는 주로 사냥꾼, 어부, 사슴 사육자, 그리고 광산업에서 일하는 사람들로 구성되어 있다.

【 남부 】

이곳은 북코카서스 자치공화국과 돈강 유역을 아우르는 지역이다. 이곳의 지역 분쟁은 수 세기 전으로 거슬러 올라간다. 1860년대 러시아 제국이 코카서스를 정치적으로 장악했는데, 특히 1990년대 두 차례의 유혈 전쟁을 겪은 체첸공화국은 그 이후 분쟁이 끊이지 않았다.

남부 지역의 사고방식은 112개 민족의 거대한 용광로를 대표하며, 그들의 조상은 자유를 찾아 우크라이나를 떠난 코사크인의 관습과 백인의 관습 및 정체성, 그리고 독립을 지키려는 소수민족의 열망이 혼합되어 있다.

2010년 인구조사에 따르면 러시아연방에 속한 민족은 러시아인 81%, 타타르인 3.9%, 우크라이나인 1.4%, 바시키르인 1.1%, 추바시인 1%, 체첸인 1%, 아르메니아인 0.9% 등이다. 대략 160개의 다른 민족이 러시아연방의 국경 안에서 살고 있다.

【 연방 구조 】

러시아연방은 공식적으로 '연방주체'로 알려진 85개 행정구역으로 나뉜다. 가장 최근에 합병된 크림반도와 세바스토폴은 국제 사회에서는 우크라이나의 행정구역으로 인정받고 있다는 점에 유의해야 한다. 헌법에 따르면 모든 지역 단위는 중앙과 동등한 관계다. 하지만 실제 각 지역이 누리는 자율성의 정도에는 미묘한 차이가 존재한다. 각 지역 단위는 공화국, 지방(크라이), 주(오블라스트), 자치구(아브타놈나야 오블라스트, 또는 아브타놈니 오크러그)로 나뉜다. 모스크바, 상트페테르부르크, 세바스토폴은 그 자체로 하나의 지역 단위이며 '연방 도시'라고도 불린다.

　푸틴 대통령의 전임자인 보리스 옐친 대통령은 지역의 엘리트들에게 '그들이 받아들일 수 있는 한' 많은 자치권을 가져가라고 공언했는데 그 후로 푸틴 대통령은 2000년에 중앙과 '연방주체' 간 관계에서 일관적으로 지속된 중앙집권화 운동을 전개하여 그 정책을 뒤집기 시작했고 러시아를 대통령 특사가 감독하는 8개의 연방구로 나누었다. 이들의 첫 번째 임무는 1990년대에 크게 분산되어 있었던 연방과 지역의 법률을 비슷하게 만드는 것으로 중앙과 지역 간 예산 관계를 연방 정부에 유리하게 전환했다. 2004년 12월, 푸틴 대통령은 지역 지도자의 직접 선출을 폐지하고 지역 입법부의 승인을 받아 대통령이 지도자를 직접 임명하는 이전의 제도를 되살렸다. 그러나 2011년과 2012년에 대대적인 시위와 푸틴이 이끄는 통합 러시아당의 실망스러운 선거 결과 이후 크렘린은 러시아 유권자들에게 지역의 고위직 공무원에 대한 직접 선거의 반환이라는 형태로 합의를 제안했다.

정부와 정치

러시아와 해외의 정치 분석가들은 러시아 정치체제의 현 상태에 대하여 정확한 정의를 찾기 위해 고심하고 있다. 그러나 결론은 변함없다. 러시아 대통령은 막강한 권력을 가지고 있다.

【대통령】

대통령직은 러시아의 주요 정치 기관이다. 대통령은 국가 원수이자 군 통수권자다. 그는 대내외 정책을 결정할 수 있는 광범

위한 권한을 가지고 있다. 그는 의회에 초안을 제출하고, 의회가 채택한 법안에 서명하거나 거부권을 행사한다. 그는 또한 법적 효력이 있으나 국회의 승인이 필요하지 않은 법령과 명령을 내릴 수도 있다. 2008년까지 대통령은 보통 선거권에 의해 4년 임기로 선출되었다. 2008년 들어 개헌을 통해 대통령의 임기는 4년에서 6년으로 늘었다. 그 어떤 정치인도 두 번 이상 연임할 수 없었으나 푸틴은 2008년부터 2012년까지 드미트리 메드베데프와의 이른바 '탠데모크라시'tandemocracy[tandem(2인용 자전거)+democrach(민주주의)의 합성어로 러시아의 푸틴과 메드베데프, 2인이 나란히 이끄는 민주주의-역주]로 이 제한을 극복했다. 푸틴은 메드베데프의 4년 임기 동안 총리가 되었고 2012년에 대통령으로 복귀했다. 메드베데프는 그 후 총리가 되었다. 2020년 6월에는 광범위한 헌법 개정을 승인하는 국민투표가 시행되었다. 이 개정안 가운데 핵심은 대통령 임기를 연장한 것이다. 이는 원칙상 푸틴이 2036년까지 재임할 수 있는 길을 열어준 것이라고 볼 수 있다.

군 통수권자로서 대통령은 국방 정책을 승인하고, 군 최고 사령부를 임명 또는 해임하며, 군 최고 계급과 각종 상을 수여한다. 대통령은 대통령 본인의 결단과 권한으로 전쟁, 계엄령,

국가비상사태를 선포할 수 있으나 러시아 영토 밖에 군대를 배치하기 위해서는 사전에 연방의회의 승인을 거쳐야 한다.

【 대통령 행정부 】

대통령은 국정 활동에 힘을 실어주는 대통령 행정부를 믿고 신뢰한다. 원칙상 대통령 행정부는 전반적인 정책 수립에 국한하고 일상적인 정책 시행은 정부가 맡는다. 그러나 실제로는 이러한 업무의 분담이 모호해지면서 대통령 행정부가 종종 특정 이슈에 개입하기도 한다. 푸틴의 지도하에 대통령 행정부가 연방법 초안을 마련하는 것이 이제는 자연스러운 일이 되었다. 크렘린 내 권력투쟁을 연구해온 올가 크리슈타노브스카야와 스티븐 화이트에 따르면 푸틴 정부 초기에는 강력한 권위주의적 국가를 지지하는 몇 개의 '집단'으로 나누어져 있던 것으로 보인다. 한 축으로는 주로 법 집행 기관을 대표하는 실로비키siloviki(정보기관이나 군인 출신의 러시아 정치인으로 현 푸틴 정권을 떠받드는 권력 실세-역주)가 있는데, 이들 역시 경제와 사회 전반에 걸쳐 강력한 국가 통제를 지지하고 있으나 내부 알력으로 분열되어 권력을 위해 투쟁하는 모양새다. 이른바 자유주의자들은 시장경제와 러시아의 발전을 위해 그들이 눈여겨본 민주적인 방향성을 제시했다. 실로비키가 강력한 국가를 지지하는 가운데 진보주의자들조차 대다수 러시아 국민은 민주적 개혁을 단행할 준비가 되어 있지 않으므로 국가가 위에서 통제하는 것 말고는 다른 대안이 없다고 주장한다. 그러나 2004년 이후부터 실로비키가 권력을 장악하면서 많은 자유주의자가 밀려났다. 대표적인 진보 성향 인사로는 2004년 푸틴이 해임한 미하일 카시야노프 총리가 있으며 현재 러시아 야당의 주역이다. 실로비키와 상트페테르부르크 출신(일명 페테르 사단)인 푸틴의 오랜 친구들은 현재 이 나라에서 가장 많은 정계 고위직을 차지하고 있으며 이 나라의 국영 에너지 회사에서 높은 수익의 책임자 지위를 상당수 꿰차고 있다.

【 의회 】

상하 양원제를 채택하고 있으며 의회는 170석의 의석을 가진 상원인 연방평의회와 450명의 선출직 의원으로 구성된 하원인 국가두마로 구성된다. 어느 정당이든 두마에서 의석을 차지하려면 정당 득표율이 최소 5%가 되어야 하는데, 이는 이전의 7%보다는 선거의 문턱이 낮아진 것이다. 하지만 많은 야당이 엄격하게 통제된 러시아의 정치 풍토에서 이 문턱에 도달하기

란 여간 힘든 일이 아니다.

【 정부 】

러시아에는 현재 22개의 정부 부처가 있으며 그 수는 지난 20년간 약간의 변동을 보였다. 각 부처는 다수의 하위 기관과 연방 시설을 감독한다. 정부는 총리가 이끌고 있다.

대통령은 민주주의를 지향한다는 의미에서 두 개의 다른 기관을 설립하였다. 하나는 2000년에 수립된 국가평의회(국무회의)로 각 지방정부의 주지사와 공화국 대통령을 대표하며, 다른 하나는 2005년에 크렘린에서 지명한 사람들과 NGO 대표 및 저명한 공인들로 구성한 공민재판부civic chamber가 있다. 다만 국가평의회가 정책 결정에 미치는 영향은 매우 미미하며 공공심의원public chamber은 전적으로 자문하는 역할에 그치고 있다.

역사적 개관

언젠가 프랑스의 한 출판사가 러시아를 '눈물의 문명'으로 지칭한 적이 있었다. 러시아의 역사 역시 영적 힘, 침략자에 대한 저항, 위로부터의 개혁, 그리고 경찰국가 시절의 가장 힘들고 어두웠던 시기에도 살아남고, 살고, 사랑할 수 있었던 그들의 능력 중 하나다.

러시아 역사에 등장하는 이름과 사건, 이를테면 이반 4세, 표트르 대제, 예카테리나 2세, 라스푸틴, 레닌, 트로츠키, 스탈린, 10월 혁명, 스탈린그라드 전투, 냉전, 페레스트로이카 같은 것들은 우리가 잘 알지는 못하더라도 전혀 낯설지 않다. 바로 이것이 러시아인들의 정신에 영향을 미치고, 고유한 특성을 형성시킨 주요 사건들에 대한 간략한 소개다.

【 키예프 공국 】

러시아인들은 그들의 조상을 동슬라브족까지 추적해 거슬러 올라간다. 전설에 따르면 6세기에 폴리안스의 슬라브족 출신인 키, 쉐크, 호리브, 이 세 형제가 키예프의 정착지를 설립했다. 그들은 큰형의 이름을 따서 마을을 키예프라고 불렀다. 882년 스칸디나비아의 왕자 올레그는 마을을 점령하여 그 지역을 다스리던 폴리안스의 통치자 아스콜드와 디르를 죽이고, "여기는 루스인의 도시가 될 것이다."라고 선언했다. (루스인은 당시 우세한 바이킹족이었다.) 키예프는 발트해에서 지중해까지 확장

되면서 '바랑인'Varangians(발트해 연안을 휩쓴 스칸디나비아의 민족 중 하나-역주)에서 그리스인까지'라고 불리는 바이킹 무역로의 중요한 거점이 되었다.

10세기에 키예프는 북쪽 발트해에서 남쪽 흑해까지 뻗은 강력한 제국 키예프 루스의 수도였다. 988년 블라디미르 왕자는 비록 독특한 방식이긴 했으나 루스에 정통 기독교(정교)를 받아들였다. 그는 비잔틴 황제 콘스탄티누스와 바실라우스에게 세례를 받겠다고 선언하며 함대를 이끌고 크림반도와 비잔틴제국의 도시 케르소네소스로 갔다. 그리고 블라디미르는 키예프로 돌아와 나무로 만들어진 토속 신앙의 여러 우상을 쓰러뜨리라고 명령하였다. 신하들은 우상들이 떠다니는 것을 공포에 질려 지켜보았다. 드네프르강 하류에 블라디미르가 그리스의 사제협의회와 함께 언덕에 모습을 드러냈다. 그의 신호에 따라 어른과 어린아이들은 모두 침례를 받기 위해 강물이 꽁꽁

사람의 손으로 그리지 않은 예수 그리스도, 12세기 성화

얼어붙은 물속으로 들어갔다.

키예프 루스는 블라디미르 대왕의 아들인 야로슬라프 대공 (1019~54)의 통치 기간 번성했다. '현공' 야로슬라프로 알려진 그는 실제로 당시 가장 지혜로운 정치가 중 한 명이었다. 그는 '러시아의 진실'이라는 최초의 법규를 만들고 대규모 건설 프로젝트를 수행했으며 딸을 유럽의 군주와 결혼시켜 전쟁을 피했다. 그의 맏딸인 안나는 프랑스에서 처음으로 글을 읽고 잘 쓸 줄 아는 왕비로 남편을 대신해 여러 법령과 편지에 서명했다.

키예프 루스(러시아)의 번영은 남쪽의 스텝 지대Steppe(유럽 동남부와 시베리아 지역을 일컫는다-역주)에서 침략자들을 끌어들였다. 이 도시는 1240년 몽골 족장 바티칸에 의해 파괴되었다. 키예프 포위전은 몇 주 동안 계속되었다. 몽골군은 너무 거대해서 연대기에 따르면 "그들의 수레가 삐걱거리는 소리, 낙타의 포효 때문에 아무 소리도 들을 수 없었다. 루스 땅은 적으로 가득하였다."라고 기록되어 있다. 이 도시는 불타버렸고, 수천 명이 목숨을 잃었다. 13세기에 키예프 루스의 영토는 갈리시아, 볼히니아, 모스크바의 공국이 되었다. 이후 이들 나라는 폴란드, 리투아니아, 러시아가 된다.

【 타타르의 침략 】

수 세기에 걸친 타타르족(몽골족)의 침략으로 러시아는 유럽에서 멀어졌다. 강력한 몽골의 부족장 칭기즈칸('위대한 지도자')이 이끄는 타타르족은 대초원과 평원을 빠르게 이동하여 러시아 남부 전역에 칸이 다스리는 지역을 세웠으며 각 공국으로부터 공물을 받아냈다. 300년에 이르는 타타르의 통치 기간(러시아인들은 '압제'라고 부르는)은 러시아어, 음악, 러시아인의 사고방식 체계 전반에 발자취를 남겼다. 러시아에는 '러시아인의 껍질을 벗기면 타타르인이 나온다'라는 유명한 말이 있을 정도다.

【 모스크바의 부흥 】

모스크바가 러시아를 선도하는 도시국가로 부상하기 시작한 것은 1380년 돈강에서 벌어진 쿨리코보 전투에서 모스크바 대공국의 드미트리 공(이후 드미트리 돈스코이라 칭함)이 타타르족에게 승리하면서부터이다. 이 승리로 러시아는 타타르족 치하에서 벗어나는 독립의 기틀을 확립했으나 이반 대제로 알려진 이반 3세(1462~1505)는 15세기 말까지 그 굴레를 완전히 벗어던지지 지 않았다. 러시아 왕자로는 처음으로 자신을 '차르'(로마 카이사르 출신)라고 칭한 그는 노브고로드를 정복하고 정교회를 국가의 통치 수단으로 삼았다. 1505년, 인구 10만 명의 모스크바는 전 세계에서 가장 큰 도시 중 하나로 손꼽히게 되었다.

【 이반 '뇌제' 】

운명은 러시아에 저주를 내린 듯하다. 러시아의 역사는 두려움에 기반을 둔 불안정하고 충동적이며 변덕스러운 독재자들에 의해 쓰였다. 이 피비린내 나는 명단에 첫 번째로 오른 통치자는 바로 이반 4세이다. 그는 '이반 뇌제雷帝'라는 별명으로 알려져 있는데 영어의 별칭인 'Ivan the Terrible'은 '공포심을 유발하는', '위협적인', '무시무시한'이라는 뜻의 러시아어 별칭 '그로즈니Grozny'의 무게를 오롯이 전달하지 못한다. 러시아어의 별칭은 이 '차르'의 폭력적이고 종잡을 수 없는 성격과 러시아의 최고위 귀족인 보야르를

이반 4세, 모든 러시아인의 첫 번째 차르

다루는 그만의 방식을 충분히 묘사한다. 본래 의심이 많았던 이반 4세는 자신의 본성에 충실하게 귀족들을 궁전에 초대하여 밤이 새도록 연회를 베풀면서도 음식은 내오지 않고 오로지 그 유명한 꿀 양주만 대접하곤 했다. 빈속에 술을 마신 귀족들이 더 빨리 취해서 자신들의 숨겨진 계획과 의도를 드러내기를 바랐기 때문이었다. 그는 '모든 러시아인의 차르'가 된 첫 번째 통치자였고, 20세기까지 이어진 러시아의 독재적인 통치방식을 확립했다.

【 로마노프 왕조 】

내전 및 스웨덴과 폴란드의 침공으로 어수선했던 혼란의 시대가 지나고 1613년 미하일 로마노프의 왕위 계승과 함께 러시아는 안정을 되찾아갔다. 로마노프 왕조는 1917년 혁명 때까지 러시아를 통치했다.

　　300년에 걸친 로마노프 왕조의 치세 기간 러시아는 기독교, 알파벳, 심지어 노예 제도까지 그 나름의 형태를 갖춰 가면서 내부에 집중했다. 농노제는 타타르족을 대신했고 1861년 차르 알렉산드르 2세에 의해 폐지될 때까지 러시아에서 현실로 남아 있었다. 그 후 몇 년 뒤에 극작가 안톤 체호프는 여전히 스스로 노예 정신을 쥐어짜고 있었음을 인정했다.

　로마노프 왕조에는 개인적으로 유럽에 눈을 돌리고 온 힘을 다해 자신의 맹렬한 기질로 러시아를 그 같은 방향으로 이끌고자 했던 차르가 있었다. 워낙 장신이었던 탓에 신하들과 섞여 있어도 그 존재감이 드러났다.

【 표트르 대제 】

레닌은 "표트르 대제가 야만에 맞서 야만적인 방법으로 야만스러운 러시아의 서구화를 가속화했다……."라고 그의 개혁에 대해 언급했다.

　사실 기반의 연구와 선박 건조는 물론 목수 일을 배우는 데에도 열심이었던 표트르 대제 (1689~1725)는 국가 주도의 그랜드 투어에 합류하여 유럽을 두루 돌아보고 난 후 러시아의 근대화를 결심하고 당시

표트르 대제, 러시아의 차르이자 첫 황제

러시아 생활의 가장 중요한 개념 및 관습이었던 달력, 의복, 수염, 군대, 계급 특권에 대한 개혁을 통해 근대화를 시작했다. 그는 심지어 사람들을 감시하고, 또 불평하는 사람이 없는지 확인하기 위해 '유흥 확인 담당 경찰merriment police(표트르 대제가 달력을 바꿔 새해가 바뀌니 반발한 사람들이 적지 않았는데, 새로운 새해를 잘 기념하고 즐기는지 확인하기 위해 단속하던 경찰-역주)'을 자리에 앉혔다. 그는 모두 합쳐 100여 가지 이상의 개혁과 규정을 도입했다.

표트르 대제의 이름은 1703년, 그가 네바강 어귀에 수천 명에 달하는 농민들의 뼈와 피 위에 건설하기 시작했던 도시를 통해 불멸의 이름을 부여받았다. '유럽을 향하는 창', '발트해의 아름다움', '북구의 베니스' 등으로 불리는 상트페테르부르크는 우아한 다리와 이탈리아 건축의 도시다.

【 예카테리나 2세 】

위로부터의 유럽화는 러시아 수도를 특유의 세련된 분위기, 탐닉, 예술, 문학의 중심지로 만든 예카테리나 2세(1762~1796)의 치세 기간에도 계속되었다. 예카테리나 2세는 러시아 제국을 서쪽과 남쪽으로 확장했으며 유럽에서 러시아의 영향력을 확대했다. 그녀의 관심 분야는 법률 제정, 의학, 교육, 건축에 이

정의의 여신 신전에 있는 법률가로 묘사된 예카테리나 2세

르기까지 그 범위는 실로 방대했다. 예카테리나 2세의 칙령에
따라 수도뿐만 아니라 제국 전역에 학술 센터와 도서관이 건
립되었다.

【 나폴레옹의 러시아 침략 】

프랑스 황제는 1812년 9월, 오늘날까지 유럽 최대의 병력으로

남아 있는 70만에 달하는 대군을 이끌고 무저항의 상태였던 모스크바에 입성했을 때 자신이 러시아를 정복했다고 생각했을 것이다. 전략적 후퇴라는 쿠투조프 총사령관의 교활한 계획에 희생될 거라는 사실은 추호도 알지 못한 채. 프랑스인들 앞에 펼쳐진 모습은 사람 그림자 하나 얼씬거리지 않는, 식량 공급마저 끊긴 모스크바였다. 그들의 전선은 감당할 수 있는 범위를 넘어섰고 군대는 지쳐 있었다. 도시가 화재로 파괴되고 겨울이 다가오면서 그들은 500마일에 이르는 퇴군 행진을 시작했다. 쿠투조프는 상대적으로 온화한 남쪽 퇴로를 차단하여 프랑스인들이 어쩔 수 없이 황폐해진 시골길로 퇴각하도록 했다. 승리의 여름 전투로 계획되었던 프랑스인들의 원정은 러시아의 얼어붙은 들판에서 패배로 끝났다. 이 거대한 군대의 생존자는 약 3만 명이었다. 이와 같은 결정적인 승리 후에 유럽에서는 프랑스인에 대해 보편적으로 동요가 일었다. 차르 알렉산드르 1세는 1813년 러시아 군대를 이끌고 독일로 들어가 드레스덴과 라이프치히 전투에 참여했다. 1814년 러시아군은 다른 연합군과 함께 파리에 입성했다.

러시아 코사크(카자흐스탄) 사람들이 유럽을 행진하면서 선술집에서 간식을 먹고 싶을 때 "비스뜨라!Bystro!"(빨리!)를 외쳤다고 하는데, 오늘날 프랑스의 비스트로^{bistro}(편안한 분위기의 작은 식당-역주)는 그때 유래한 것으로 추정된다. 이는 젊은 러시아 장교들에게 농노제와 독재정치가 없는 나라에서 삶을 경험할 기회를 선사했다. 그들은 새롭고 민주적인 생각을 고국으로 가져왔고 차르 정권에 대한 불만이 점차 팽배해졌다.

【 데카브리스트의 난 】

1825년 12월에 이상주의적 사상을 기반으로 한 러시아 장교 집단은 입헌군주제의 채택을 목표로 차르 니콜라스 1세의 전복을 시도했다. 이 난은 농민 반란과는 대조적으로 지배 계급이 일으킨 첫 번째 봉기였다. 반란은 결국 실패로 돌아갔다. 12월에 반란을 일으킨 당원, 즉 데카브리스트들은 충성스러운 군에 패배하여 처형되거나 시베리아로 추방되었다. 니콜라스 1세는 다음과 같은 유명한 말을 남겼다. "나는 나를 반대하는 자를 증오하고 나를 섬기는 자를 경멸한다."

데카브리스트들은 차르 알렉산드르 2세의 통치 기간 중 사면을 받았고, 권리, 특권, 작위도 복권되었다. 그러나 그중 많은 이들은 서쪽으로 돌아가는 대신 오히려 시베리아에 남는 쪽을 선택했는데, 이 같은 결정은 훗날 스탈린 치하에서 시베리아에

광범위하게 산재해 있던 수용소로 유형을 선고받은 수많은 사람에 의해 되풀이되었다.

러시아 지식인들의 날로 거세지는 개혁에 대한 요구로 알렉산드르 2세 치하에서 노예 제도가 폐지되었다. 농부들은 농촌을 떠나 도시, 공장, 철도 관련 현장에서 일하기 시작했고, 산업사회 노동자의 생활은 날로 발전해 갔다.

그러나 농업은 뒷걸음질쳤다. 농노 제도의 폐지는 진보적인 개혁가들과 사회주의 혁명가들 모두에게 자신감을 심어주었다. 이 기간 중앙아시아와 극동의 블라디보스토크항이 러시아의 지배를 받게 되었고 러시아는 1784년 교역소로 정착된 알래스카를 720만 달러에 미국에 팔았다.

비극적인 20세기

20세기는 러시아의 반복된 비극적 역사 속에서도 가장 어두운 한 장으로 기억된다. 두 차례의 세계대전, 1905년과 1917년

두 번의 혁명, 그리고 그 이후 벌어진 적군과 백군의 러시아 내전은 비밀경찰 체카-NKVD-KGB의 설립, 스탈린의 부상과 그의 공포 정치, 국토의 많은 지역을 무질서하게 뻗어 나간 수용소로 탈바꿈시켜 놓았다. 다음에 이어질 내용의 이면에는 수백만의 희생자들이 존재한다. 러시아인들이 왜 그렇게 웃음에 인색한지 궁금하다면, 바로 이 다음 내용을 기억하라.

【 1905년 혁명 】

정부의 산업 발전 정책은 처음에는 성공적이었다. 그 후 계속되는 흉작, 산업 불황, 일본과의 처참한 전쟁으로 인한 어려움은 사회적 긴장을 폭발 일보 직전의 상황에 이르게 했다. 1905년 1월 22일, 20만 명의 평화로운 군중이 차르 니콜라스 2세에게 더 나은 근로 조건을 요구하는 탄원서를 전달하기 위해 상트페테르부르크에 있는 겨울 궁전으로 행진했다. 그들은 코사크 기병들에 의해 쓰러져 갔다.

'피의 일요일'로 알려진 이 잔혹한 학살은 대다수 국민의 마지막 결정타였다. 그 결과 일주일 만에 해군의 반란을 포함하여 전국 곳곳에서 파업이 발생했다. 모스크바와 상트페테르부르크의 활동가들은 선출된 노동자 대표와 함께 소비에트라고 불리는 노동자 대표 협의체를 결성했다. 이 협의체가 1917년 이후 정부의 새로운 혁명체제의 토대가 되었다.

1906년 차르는 민선 의회, 혹은 두마를 허용함으로써 대의원의 요구에 길을 내주었다. 총리 표트르 스톨리핀은 소작농들에게 광범위한 토지의 매입을 허용하는 개혁을 도입하였다. 이 부유한 소작농들이 후에 쿨라크로 알려진 부농 계층을 형성한다.

【 1917년 혁명 】

1914년 제1차 세계대전이 발발하자 러시아는 독일과 오스트리아-헝가리 제국에 맞서 영국과 프랑스에 합류했다. 연이은 대패는 정부의 무능함을 여실히 드러냈다. 전쟁은 가난과 굶주림을 초래했으며 차르에 대한 지지는 급속히 사라졌다. 결국 두마와 소비에트라는 두 개의 대안적 권력 집단이 발전했다. 차르에 의해 주기적으로 해산되었던 두마는 교육받은 상업 계층을 끌어들이며 임시 정부를 수립했고, 소비에트는 군인과 공장 노동자들의 마음을 사로잡으면서 전국적으로 세를 불렸다. 두 집단은 처음에는 협력적이었고 차르의 퇴위를 요구했다. 니콜라스는 1917년 3월 15일 독일의 침략 위협과 군의 반란으

1913년, 러시아 황제의 가족

로 퇴위했다.

알렉산드르 케렌스키가 이끄는 임시 정부는 전쟁을 계속하기로 결정을 내리는데, 이는 그 후 엄청난 실수였음이 드러났다. 이 인기 없는 정책은 '평화, 토지, 빵'의 구호를 부르짖는 마르크스 사민당의 볼셰비키 당수였던 레닌(블라디미르 일리치 울리야노프)에 의해 극렬한 반대에 부딪혔다. 1917년 11월 6일과 7일 볼셰비키는 페트로그라드(이후 상트페테르부르크라는 이름으로 개

명됨)에서 권력을 장악하고 정부의 모든 인사를 체포했다. 케렌스키는 망명했고, 레닌은 정부의 수장이 되었다.

1917년 12월, 새로 들어선 볼셰비키 정부는 독일과 휴전 협정을 체결하고 평화를 위해 러시아의 광대한 영토를 내주었으며, 비밀경찰 부대인 체카(NKVD와 KGB의 전신)를 설치하고, 붉은 군대를 창설했다. 볼셰비키당은 공산당으로 이름을 바꾸고 수도를 상트페테르부르크에서 모스크바로 옮겼다.

공산주의자들은 영국, 프랑스, 일본, 미국의 지원을 받는 볼

1920년, 5월 붉은 군대에게 계속 싸울 것을 촉구하는 레닌. 트로츠키가 오른쪽에 서 있다.

셰비키 반군 동맹과 대립했다. 레프 트로츠키 휘하에서 붉은 군대는 가공할 전투 기계가 되었다. 차르와 그의 가족이 사람들을 결집하는 계기가 될 것을 우려한 볼셰비키는 1918년 7월 예카테린부르크 지하에서 왕족과 몇 명의 왕실 하인을 처형했다. 격렬한 내전은 마침내 1921년 공산당의 승리로 끝났다. 1922년 소비에트 사회주의 공화국연방이 형성되었고, 레닌은 수장이 되었으며, 이는 제정러시아의 국경을 기반으로 다국적 사회주의 제국이었다.

【 이오시프 스탈린 】

1924년 레닌이 사망하자 이오시프 스탈린(이오시프 주가슈빌, 1878~1953)은 그의 카리스마적인 경쟁자 트로츠키를 뛰어넘고 공산당 총서기가 되었다. 그는 중앙집권적 국가 계획을 통해 러시아를 강력한 현대 산업 국가로 탈바꿈시키기 시작했다. 1931년 연설에서 스탈린은 자신의 비전을 분명히 밝혔다. "우리는 선진국에 50년, 혹은 100년 뒤처져 있다. 우리는 이 격차를 10년 안에 따라잡아야 한다. 우리가 하지 않으면 그들이 우리를 짓밟을 것이다." 점점 늘어나는 노동자들의 식량을 공급하기 위해 그는 농민들을 집단 농장인 콜호즈로 몰아넣었

고, 이는 종종 비참한 결과를 낳았으며, 특히 우크라이나에서 기근의 확산을 가져왔다. 그는 세 개의 5개년 계획을 수립하였고, 1939년까지는 소련이 산업 세계의 지도자였다. 자신의 목표를 달성하기 위해 스탈린은 전체주의 국가를 만들어 당과 그를 반대하는 전국의 모든 사람을 숙청했다. 그는 NKVD를 이용하여 국민을 공포에 떨게 했으며, 강제수용소인 굴라크(Glavnoe Upravlenie Lagerey의 약어)를 설치하여 반체제 인사들을 추방하는 관행을 확대했다. 1939년까지 2천만 명 이상의 러시아인들이 강제수용소로 끌려갔고, 그중 약 1천 2백만 명이 사망했다. 이런 사실에도 불구하고 스탈린의 유산은 오늘날 러시아에서 여전히 분열을 초래하고 논쟁을 불러일으키는 주제로 남아 있다.

【 대조국전쟁 】

스탈린은 1939년 히틀러와 불가침 조약을 맺어 비밀리에 폴란드를 분할했다. 이 조약으로 소련은 폴란드 동부를 가져가고 나치는 폴란드 서부를 점령하게 된다. 그러나 1941년 6월 히틀러의 군대가 러시아를 침공한다. 전투는 1942년 치열하게 싸운 끝에 볼가의 스탈린그라드에서 가까스로 멈췄다. 1812년 프랑스가 경험했듯이 독일군 역시 러시아의 혹독한 겨울 추위를 이기지 못하고 퇴각했다. 붉은 군대는 퇴군하는 독일군을 끝까지 따라붙어 마침내 베를린에 입성했다. 제2차 세계대전 중 러시아는 엄청난 희생을 치렀다. 소비에트 시절 전쟁으로 인한 사상자는 2천만 명으로 집계되었지만, 소비에트 이후 정부는 2천 7백만에 가까운 것으로 추산했다.

【 냉전 】

전쟁 후 소련은 모스크바의 통치하에 괴뢰 공산정권을 통해 동유럽과 중유럽 국가의 대부분을 지배했다. 1955년 나토에 대항하는 차원에서 위성 공산주의 국가들은 바르샤바 조약을 통해 소련과 군사 동맹으로 묶여 있었다. 소련과 미국이 이끄는 서구 세력 사이의 긴장 상태는 이른바 냉전으로 알려지게 되었는데, 이는 이념과 무력 충돌이 제한된 군사 전쟁이었지만 핵무기의 위협이 그림자를 드리웠다.

글라스노스트와 페레스트로이카

1953년 스탈린이 사망한 후 집단 지도체제가 러시아에서 권력을 장악했다. 니키타 흐루쇼프는 1956년 당 대회에서 자유화 정책을 도입하고 스탈린 시대의 잘못과 범죄를 맹렬히 비난했다. 보수적인 당이 반발했지만 일반 국민은 공산주의 체제의 실패와 변칙의 규모를 점점 더 인식하게 되었고, 1986년 비교적 젊은 미하일 고르바초프 총서기는 글라스노스트(개방)와 페레스트로이카(개혁)를 촉진하는 체제를 도입하였다. 아울러 그는 미국과 소련이 보유하고 있는 막대한 핵무기의 비축량을 줄이고 해외에서 군대를 철수시키기 위해 움직였다.

미하일 고르바초프와 조지 부시 대통령(1990)

글라스노스트 정책은 발트해 연안과 트랜스코카시아(코카서스산맥 남쪽의 코카서스-역주) 지역의 소비에트공화국들 사이에서 민족주의자들의 독립 요구를 거세게 하였다. 고르바초프는 프랭크 시내트라의 노래 '마이 웨이'를 본떠 그들에게 자치를 허용하는 '시내트라 독트린'을 선언함으로써 이에 응했다.

외교적으로 냉전은 1989년 고르바초프와 부시 대통령 간의 몰타 정상회담에서 공식적으로 종식되면서 GATT 가입과 서방의 투자 가능성을 열어주었다. 이러한 움직임은 독일의 동서 통일로 빠르게 이어졌다. 한편 소비에트공화국들은 자신들의 힘을 과시할 수 있는 헌법상의 변화를 포착하기 시작했다.

'개혁-공산주의자' 보리스 옐친이 러시아연방의 대통령으로 권력을 잡았으나 정복국가들은 일방적인 독립을 추진하기 시작했다. 1991년 고르바초프가 소련의 해체를 막기 위해 제안한 것이 주권국가 연방이다. 그러나 이 제안은 실행되지 못한 채 이후 다른 형태인 독립국가연합CIS으로 부활하였다.

【 무산된 반 고르바초프 쿠데타 】

1991년 공산당 내 보수 강경 세력인 KGB와 군의 쿠데타 시도는 모스크바에서 보리스 옐친에 의해 무산되었다. 그는 크렘린 궁에서 불과 1마일 남짓 떨어진 '백악관'으로 알려진 두마 건물에 본거지를 둔 민주적 '반대파'의 수장으로서 그들에 맞서 저항했다.

　　백악관을 점령한 것도 아니고, 대중의 지지를 등에 업은 것도 아니며, 국제적인 인정도 못 받은 쿠데타는 결국 붕괴하였다. 그 후 6개월 동안 옐친은 급진적이며 민주적인 변화를 이끄는 동력이 되었다. 옛 공산주의 시절의 건물들이 하나둘씩 무너져 내렸고, 모스크바에 있는 이즈마일롭스키 공원 내 영업행위에서부터 학생 건물 지하 식당과 매점이 들어서기까지 풀뿌리 자본주의의 새로운 여명이 밝아왔다.

실패한 쿠데타는 소련의 해체를 재촉했고, 소비에트연방의 일부 공화국들은 독립국가(에스토니아, 리투아니아, 라트비아, 우크라이나, 몰도바, 조지아, 카자흐스탄)가 되었다. 1991년 12월 25일 고르바초프가 대통령직을 사임하면서 소련은 공식적으로 해체되었고, 구소련공화국 중 11개국이 독립국가연합CIS에 가입하였으며, 옐친이 대통령 겸 총리로 취임하였다.

러시아에서 망치와 낫이 그려진 공산당의 붉은 깃발은 전통적인 러시아의 붉은색, 하얀색, 푸른색의 삼색기로 대체되었다. 러시아는 이제 연방국이었고, 구소련공화국 중 일부와는 느슨한 연합을 형성했다. 새로운 러시아 헌법은 1993년에 공식적으로 공포되었다.

【 현재까지 】

러시아 속담에 '만드는 것보다 부수는 것이 훨씬 더 쉽다'라는 말이 있다. 페레스트로이카의 첫 서막이 그 핵심을 잘 보여준다. 구소련 체제는 붕괴하였으나, 새로운 체제를 만들어내는 것이 더 어려운 일임은 여실히 드러났다. 1992년과 93년에는 가격 통제의 폐지가 하이퍼인플레이션을 불러오면서 수백만 달러의 예금이 날아갔다. 1992년에만 물가가 26배나 올랐고, 1998년에는 사람들의 예금, 그리고 신흥 중산층이 다시 한 번 루블화 붕괴로 사라졌다.

현시대에 대한 환멸은 많은 사람이 과거를 낭만적으로 바라보도록 만들었다. 이는 옛 '법질서'의 상실을 후회하게 했고, 소비에트 시절 이전의 모든 러시아 역사에 대해 향수를 불러일으켰다. 언론과 일상 대화에서도 다양한 역사적 사건을 놓고 토론과 재평가가 연일 이어진다. 스탈린, 고르바초프, 옐친과 같은 지도자들의 역사적 역할에 대한 대다수의 일치된 견해는 러시아를 방문한 서구인들 눈에 무척 놀랍게 보일 수도 있다. 2005년 푸틴 자신은 소련의 붕괴를 지정학적 재앙이라고 묘사했다. 러시아 역사에 대해 토론할 준비가 되었다면 세심하게 접근하라. 그것은 민감한 주제이므로 당신이 자신도 모르게 누군가를 불쾌하게 할 수도 있다.

오늘날의 러시아 사회

【 인구통계적 경향 】

러시아연방의 인구는 1억 4,450만 명이다. 1990년대 뚜렷한 인구 감소세를 보인 후 푸틴의 첫 임기 중 인구수는 비교적 안정적으로 유지되었다. 이는 상당한 이민자 수와 다자녀 어머니들에게 지급된 장려금 및 국가의 출산율 증진을 목표로 한 수많은 정부 정책의 시행 덕분이다. 하지만 2017년 이후 이 나라의 인구는 꾸준히 감소하고 있다. 이 점에서 러시아는 유럽의 추세와 흐름을 같이한다. 반면 평균 수명이 66세에 불과한 러시아 남성의 기대수명만 놓고 보면 상당히 동떨어져 있음을 알 수 있다. 이 같은 사실은 2028년까지 러시아 남성의 정년을 60세에서 65세로 상향 조정하려는 정부의 연금 개혁안에 상당한 반발을 불러온 원인이 되었다. 이는 러시아 남성의 상당수가 연금 수령 나이까지 살지 못할 확률이 매우 높기 때문이다. 러시아 인구의 약 5분의 1은 빈곤선 아래 사는 것으로 추정된다.

【 사회 계층 】

엘리트

저명한 사회학자 타티아나 자슬라브스카야는 러시아 엘리트를 '국가적 차원에서 결정을 내릴 수 있는 공식적, 또는 비공식적 권한을 가진 개인 집단 계층'으로 정의한다. 이러한 수만 명에 이르는 정치인, 최고경영인, 고위 공직자들은 러시아 사회에서 가장 강력한 집단이다. 대기업과 국가의 이익은 서구에서는 찾아볼 수 없는 방식으로 얽혀 있다. 권력자에 대한 충성은 주요 기업들에 특혜와 '특별한 규칙'을 제공하는 것으로 서로 거래된다. 올리가르히^{oligarch}(러시아의 신흥 재벌을 지칭-역주) 미하일 호도르코프스키의 수감과 같은 추문은 이러한 틀을 깨려고 하거나 크렘린의 눈 밖에 난 사람들에게 엄청난 영향을 미쳤다.

'신러시아인'

'신러시아인'은 엘리트 계층의 주요 후원자다. 그리고 그들의 후원은 넉넉한 보상으로 돌아온다. 이들은 보통 개인 사업체와 해외 부동산을 소유하고 있으며 주로 자녀들을 해외로 유학 보낸다. 또한 자신들의 위치를 강화하고 재산을 보호하는 데 온 관심을 쏟는다. 그러나 인구 대다수로부터의 은밀한 (때로는 상당히 노골적인) 적개심에 맞서야 한다. 왜냐하면 빈부격차가 나날이 더 커지고 있기 때문이다. 당신은 모스크바의 교통체증에 꼼짝없이 갇힌 벤틀리와 마이바흐를 세보다가 문득 들어선 지하 연결통로에서 냉혹한 실상을 마주하게 될 수도 있다.

중산층

러시아의 중산층은 중간 관리자, 기업의 임원, 중소기업인, 일정한 자격을 갖춘 전문가, 그리고 경제 변화에 적응할 수 있었던 부서장들이다. 그들이 관심을 두는 사항은 서비스의 비용과 품질, 의료 서비스, 편의시설이지 우유나 빵 가격이 문제가 아니다. 새로 태어난 러시아 중산층은 1998년 외환위기에 휩쓸려 사라졌다가 푸틴의 첫 번째 임기가 시작되면서 새롭게 등장했다. 하지만 2012년 이후 러시아에서 계속된 경제 문제가 이 계층을 급격히 압박하고 있다. 유가 하락, 루블화의 평가절하, 점차 늘어나는 러시아의 정치적, 경제적 고립은 그들에게 타격을 입혔고, 많은 사람이 생활에 필요한 필수품에 돈을 쓰기조차 어려운 환경에 놓이게 되면서 이제는 자신들 스스로 중산층이라고 느끼는 러시아인들은 거의 찾아보기 힘들어졌다.

러시아 인구의 대다수

러시아의 사회적 기반인 지식인, 블루칼라 노동자, 기술 인력, 서비스 및 농업 종사자들이 인구 대다수를 차지한다. 이들은 정치인들이 가장 영향력을 행사하고 싶어 하는 사회 집단이며, 이 계층의 발전이 러시아의 사회정치적 미래를 좌우하게 될 것이다. 지역의 도시와 농촌에서 일하는 '보통' 러시아인들은 푸틴의 정치적 지지 기반이다.

【 세대 】

20세기 러시아 사회는 엄청난 사회적 변혁을 겪었고, 이 과정에서 수많은 규범이 확립되고 무너지기를 반복했다. 세상 어디에도 신세대와 이전 세대 간 격차가 러시아보다 더 뚜렷한 나라는 찾아보기 어려울 것이다.

연금수령자

오늘날 70~80대인 이 세대는 전쟁이 끝난 직후에 태어난 사람들이다. 그들은 "전쟁이 없는 한 우리는 어떻게든 살아남을 것이다."라는 좌우명에 따라 살아온 세대답게 고난과 시련으로 점철된 세월을 누구보다 잘 기억한다. 그들은 옛 소련 시대, 보장된 의료 서비스, 그리고 확실한 줄 서기에 향수를 느끼고 있으며 전통적으로 러시아 인구에서 가장 정치적으로 활발한 세대다. 국가가 지급해주는 연금은 2018년 월평균 209달러로 어느 모로 보나 미미한 수준이다. 드미트리 메드베데프 전 총리는 2016년 최근에 합병된 크림반도를 방문했을 당시 이 세대에 속한 한 사람과 충돌했다. 분노한 연금수령자는 메드베데프에게 러시아 연금이 오르는 생활 물가와 전혀 연동되지 않는다고 주장하면서 야유를 보냈다. 이에 "우리는 돈이 없다. 당신이 조금만 참으라!"라고 말한 메드베데프의 다소 서투른 응수는 러시아 인터넷에 퍼졌고, 소셜 미디어에서 수많은 '밈'의 영감이 되었다.

1960년대 젊은이

이제 점차 은퇴할 시기에 가까워지고 있는 이들 세대는 스탈린의 공포와 맹렬한 비난, 1960년대의 해빙기를 오롯이 지켜보았다. 그들은 흐루쇼프가 주도한 새로운 시, 새로운 예술, 새로운 사고방식, 즉 '사상의 자유'라는 거짓된 희망에 젖어 1970년대 경기침체의 늪에 빨려 들어가면서 냉소적이고 신랄하게 변해갔다. 그들의 희망은 무너졌다. 이 세대는 오로지 자신들의 아이들을 위해 살거나, 또다시 새로운 시대에 적응하려고 노력하고 있다.

'두뇌와 배짱'

35세부터 50세까지의 연령대에 해당하며 시장 개혁 세대이다. 중앙집권 경제가 붕괴한 이후 새로운 기회의 장이 열렸을 때 가장 발 빠르게 시장을 창출한 사람들이다. 만약 그들이 관료들과 마피아들을 매수할 충분한 두뇌와 배짱, 그리고 회복력을 지니고 있었다면 말이다. 1960년대 세대 부모 밑에서 성장한 이들은 변화에 회의적이고 언제든 최악의 상황을 염두에 두라는 가르침을 받으며 성장했다. 이러한 생존 전략은 그들이 오늘날 러시아에서 성공하는 데 확실한 밑거름이 되었다.

잃어버린 세대

1991~95년에 학창 시절을 보낸 사람들이다. 이들은 공산주의 사상을 가장 마지막에 접한 세대로서 국민적 신념에 공백이 생기며 구심점을 잃었다. 그들의 고등교육은 낡은 교과서와 교육 시스템이 물러난 자리에 새 교과서는 아직 승인되지 않았던 혼돈의 시기에 시작되었다. 이 세대는 사회 적응에 그 누구보다도 많은 어려움을 겪었고, 이후 가장 많은 수의 마약 중독자, 알코올 중독자, 범죄자, 그리고 실업자를 무더기로 양산했다.

러시아의 미래

20대와 30대는 소비에트 사상 교육을 받지 않고 성장한 첫 세대다. 그렇다고 해서 그들이 다른 이념마저 등한시했다는 뜻은 아니다. 이 세대에는 가장 많은 스킨헤드족과 신나치주의자, 그리고 실용적이며 목표 지향적인 고학력 노동자들이 대거 포진해 있다. 그들은 구소련의 유산뿐만 아니라 구소련의 독재와 전쟁, 그리고 체제 전환의 과도기에 대한 기억에서조차 완전히 자유롭다.

사회학자 유리 레바다 씨는 러시아에서 가장 어린 세대가 경험하고 있는 '기억의 상실'을 둘러싼 문제에 관해 다음과 같이 경고했다. "…… 그들은 자신들만을 위해 이미 정치적, 경제적 벽을 높이 쌓아 올렸다. 소련의 과거는 진정으로 그 과거가 존재하는 한 그들의 삶에서 결코 떼려야 뗄 수 없는 부분이다. 그런데도 이들은 러시아 땅에서 지난 100년간 벌어진 그 모든 격변기의 역사적, 사회적 기억이 부재한 사상 유례 없는 실용적인 세대가 되었다." 이 세대가 러시아의 미래를 만들어 나갈 젊은이들이다. 그들은 과연 어떤 러시아가 되어 있을지 알고 있을까?

02

가치관과
사고방식

러시아인들은 스스로를 "다정하고 친절하며, 손님을 따뜻이 맞아주는 한편, 게으르고 무책임하며, 비실용적이고, 굴욕적일 정도로 인내심이 있는" 것으로 본다. 이런 묘사는 전형적인 러시아 민화 영웅인 예멜리야를 닮았다. 그는 똑똑한 형들과는 달리 사랑스럽고 잘 속아 넘어가지만, 열심히 일하지 않고서도 결국 원하는 걸 얻어낸다.

20세기 초 시인 레프구밀료프는 "국민성은 신화에 불과하다."라고 말했다. 소위 '신비로운 러시아의 영혼'에 관한 논쟁은 10세기 키예프의 현공 야로슬라프에게 전해진 외국 대사들의 보고서에서 러시아인의 성격을 묘사한 첫 언급을 시작으로 오늘날 수많은 국제회의, 출판물, 토론에 이르기까지 수 세기 동안 격렬하게 전개됐다.

다만 '사고방식'이라는 개념을 '어떻게 상황을 해석하고 대응할지 결정을 내리는 습관적이거나 특징적인 마음가짐, 전망, 고정관념'이라고 설명하는 오늘날의 사전적 정의는 적어도 러시아에서만큼은 적용될 수 없다. 러시아 역사를 통해 모든 개혁과 전쟁 및 사회 실험이 전개되는 동안 러시아인의 사고방식은 숱하게 확립되었다가 무너졌고, 또 충분히 뿌리내릴 틈도 없이 낡은 가치들이 새로운 가치체계에 떠밀려 추월당했으며, 결국 이러한 체계들은 차례차례 파괴되었다.

타티아나 자슬라브스카야는 "정치체제를 바꾸는 데는 몇 달, 때로는 몇 주가 걸릴 수도 있다. 나아가 국가 경제를 개혁하는 데는 수십 년이 걸릴 수도 있지만, 국민의 문화를 바꾸는 데는 몇 세기가 걸릴 수 있다."라고 썼다.

러시아의 사회 변혁, 즉 표트르 대제의 '서구화' 및 역법 개정(달력 개혁), 레닌이 주도한 혁명 이후의 산업화 계획, 또는 페레스트로이카와 90년대의 자유화 등은 위로부터의 과감한 조치로 단시간에 격발되었다. 20세기에만 러시아의 가치관은 1917년과 1990년대에 적어도 두 번은 바뀌었다. 러시아인의 믿음, 도덕성, 사고방식에 대한 엄격한 하나의 틀을 설명하는 건 간단할지도 모른다.

아마 러시아인의 사고방식이라는 파이를 자른다면 정통기독교적 가치관, '공산주의 건설자'의 도덕 규범, 페레스트로이카 시절의 서구 문화 유입, 푸틴 시대에 집중된 '러시아의 가치관'이라는 조각들로 나누어질 것이다.

철학자 이반 일린은 러시아의 정신에 영향을 준 요소들로 다음과 같은 사항을 지목했다. "러시아인의 특성은 수 세기에 걸쳐 수도원과 군대, 국가 통치, 그리고 가족 단위에 의해서 형성되었다. 그리고 그것은 자유로움과 절제력을 겸비한 영웅을 보여주는 놀라운 역할 모델을 창조했다." 이러한 각 요소를 좀 더 자세히 들여다본다면 러시아인의 국민성에 관한 실마리를 찾는 데 도움이 될 것이다.

권위에 대한 태도

'머릿속에 차르가 없다면'이라는 뜻의 '베스 짜랴 브 갈라볮Bez tsarya v golove'라는 격언은 러시아어로 자신이 도통 무엇을 하고 있는지 모르는 사람을 두고 하는 말이다. 혹은 때때로 차르의 말을 잘 따르지 않는 사람을 의미하기도 한다.

19세기에는 러시아 자유주의자들조차 독재정치를 영성, 공동체 의식과 함께 러시아 국가의 3대 초석 중 하나로 꼽았다. 강력한 지도자의 전통은 오늘날 러시아에서 여전히 확고하다. 러시아에 머무는 동안 당신은 이 나라가 서구의 많은 국가와 다르다는 말을 흔히 듣게 될 것이다. 이는 러시아를 통치하려면 '강한 힘'이 필요하다는 점에서 그러하다는 얘기다.

2019년 여론조사에 따르면 푸틴은 주로 아버지 같은 존재로서 물질적 혜택을 제공하고, 부패한 공무원과 비열한 올리가르히를 징계하거나 처벌하는 인물로 평가됐다. 이러한 인식은 그의 지지율이 최저치를 기록하던 2018년 무렵부터 바뀌기 시작했다. 부진한 경제성장과 국민에게서 외면받았던 연금개혁 등 다양한 요인이 작용한 것으로 풀이된다.

불행하게도 러시아 독재정치의 전통은 이반 4세나 표트르 대제가 통치하던 시대와 마찬가지로 공포정치에 기반을 두고 있다. 만연한 공포와 그 맹렬한 기세는 스탈린의 피비린내 나는 정권하에서 극에 달했는데, 이 같은 공포와 불가피한 명령 복종은 권위에 대한 러시아인의 태도에 근본적인 모순을 만들어냈다. "소작농은 주인의 말을 듣되, 자신의 방식대로 행할 것이다."라는 러시아 속담에 바로 이런 모순이 잘 담겨 있다. 러시아 철학자 샤포발로프는 이렇게 지적했다. "정치체제가 변하고, 다양한 기질과 각기 다른 의도를 가진 여러 지도자가 집권하고, 정치체제가 바뀌었다. 그러나 러시아에는 절대 변치 않는 한 가지가 있다. 권력은 항상 '그들'이고, 사람들은 항상 '우리'라는 사실이다."

러시아 독재정치의 창시자인 이반 4세

이 같은 상반된 사고방식, 즉 최고 권력자의 '아버지 같은 존재'를 존경하고 지지를 보내면서도 법과 권위를 향해 노골적으로 경멸을 드러내는 이러한 태도는 러시아인이 지닌 또 다른 모순이다.

사회 정의

1930년대 러시아 인구의 약 80%는 여전히 농촌에서 농사를 짓고 있었다. 그러나 1920년대 들어 공산주의 정부가 추진한 산업화 계획에 힘입어 수백만 농민들이 도시 지역으로 몰려들었다. 이 새로운 도시 거주자들은 역사적으로 러시아 농민 생활의 바탕을 이루는 마을 공동체 오브시치나의 농업적 가치도 함께 가져왔다. 오브시치나의 우두머리는 가부장적 권력을 상징했다. 그는 공동의 돈지갑을 관리했으며 궁극적인 권위자이자 의사 결정권자였다. 오브시치나의 구성원들은 언제든 생존을 위해 서로 돕고, 다 같이 수확하고, 그들의 사회적 역할을 충실히 수행할 각오가 되어 있어야 했다. 협력과 상호주의가 그들 공동체의 핵심 가치였다. 토지부터 돈에 이르기까지 오브시치나의 모든 것은 사회 평등과 확립된 질서의 원칙에 따라 구성원들 간에 분배되었다. 맡은 바 임무에서 벗어나길 바라고, 자기 뜻을 펼치고 싶은 소망을 품거나, 더 많은 돈을 벌고자 하는 사람은 누구든 공동체의 반대에 직면한다.

러시아의 전통적 공동체 정신, 그리고 70년에 걸쳐 '모든 사람이 동무이고 동포인 공산주의의 계급 없는 사회'를 구축한 결과, 사회 정의와 평등의 원칙은 대중의 의식 속에 깊이 스며들었다.

러시아의 모든 아이들은 어부와 그의 사악한 아내, 그리고 금붕어에 관한 푸시킨의 동화를 배운다. 어부가 잡은 금붕어는 자신과 아내에게 세 가지 소원을 들어준다. 어부의 아내는 더 높은 지위와 더 큰 집을 갖게 해달라고 소원을 빈다. 금붕어는 아내의 욕구를 충족시켜 주지만, 딱 정해진 한계까지만이다. 목표를 너무 높게 잡으면 금붕어는 어김없이 어부의 아내를 그녀의 오두막과 깨진 구유로 돌려보낸다. 푸시킨의 훌륭한 스토리텔링이 반짝이는 이 이야기는 러시아인에게 이렇게 상기시킨다. "동료들보다 앞서려고 하지 마라. 목표를 너무 높게 잡지도 마라. 그렇지 않으면 모든 것을 잃게 될 것이다."

오늘날 사회 정의의 원칙은 소비에트 시대의 기본적인 사회보장에 대한 향수와 더 부유하고 더 성공한 사람들에 대한 거부감에서 나타난다. 이런 태도는 러시아의 올리가르히, 엘리트, 이른바 '신러시아인'에 대한 여론에서도 여실히 드러난다. 러시아 사회의 '미갈키', 즉 정치인과 기업가들이 끝이 없는 모스크바의 교통체증을 쌩하고, 종종 위험천만하게 잽싸게 뚫고 지나가기 위해 차 지붕에 부착하는 파랗게 번쩍이는 비상등은 마침내 극에 달했고 정부는 사용을 제한하기에 이르렀다.

개개인에 대한 사고방식

게르만 딜리겐스키 교수는 "개인의 권리를 기본 원칙으로 하는 서구의 전통은 권위주의 정부 및 엄격히 제한된 인권을 받아들인 친슬라브의 전통보다 수 세기에 걸쳐 러시아에서 더욱 약화되었다."라고 말한다.

러시아어에 '사생활'이라는 단어와 직접적으로 같은 의미에 해당하는 단어는 없다. 이 개념은 '개인 공간의 필요성', 또는 '고독이나 은둔'으로 설명되어 번역된다. 소비에트당 조직, 공장의 단위작업, 비좁은 소련의 공동 아파트에서 재탄생한 러시아의 공동생활 방식은 공산주의 체제의 수립이나 전쟁에서의 승리와 같은 공동의 대의명분을 위해 개인의 염원은 희생될 수 있다는 생각에 바탕을 둔 것이었다. 따라서 한 사람은 국가라는 기계의 톱니바퀴로 존재하게 되고, 개인의 삶의 가치는 현저히 떨어진다.

"한 사람의 죽음은 비극이지만 백만 명의 죽음은 통계에 지나지 않는다." 스탈린이 한 말이다. 종종 수용소에 새로 온 사람들을 수용할 공간 확보를 위해 교도관들은 꽁꽁 얼어붙은 시베리아의 극심한 추위에도 죄수들이 따뜻한 옷을 못 입게 하거나, 수백 명의 죄수를 얼음물 속으로 뛰어들게 했다. 수감자 대부분은 폐렴으로 사망하곤 했지만 통계에서 이들은 '자연적 원인에 의한 사망'으로 기록되어 있을 뿐이다.

제2차 세계대전에서 나치 정권과 싸우며 목숨을 바친 2천 7백만 러시아인들의 충격적인 수치가 소비에트군이 전장에서 승리한 데 대한 진정한 대가인 것이다. "나는 너무 많은 죽음을 보았다. 그래서 제2차 세계대전에서 승리한 이후 벌어진 전쟁에 관해서는 쓰고 싶지 않았다. 내가 원했던 전부는 그저 잊어버리는 것뿐이었다."라고 흔히 '국민의 양심'이라고 불리는 러시아의 저명한 작가 다닐 그라닌은 썼다.

러시아의 거의 모든 가족은 구소련 시절 '정치적으로 신뢰할 수 없다'라는 이유로 체포된 가족이나 친구들과 관련된 기억이 있으며, 그들 자신만의 비극적인 전쟁 역사를 간직하고 있다.

개인의 주도성과 표현의 자유는 공산주의 체제에서 심하게 억압되었다. 학교 과제물로 자기 생각을 표현하는 학생들조차

나쁜 점수로 처벌받았다. 그러나 개인의 창의력은 폭발적으로 발산되어 종종 기술 발명품으로 이어지기도 했다. 러시아의 발명, 장인정신, 기술적 독창성에 대한 전통은 널리 알려져 있다. 벼룩의 발에 편자를 박은 농노 장인 《왼손잡이》에 관한 이야기는 고전으로 학교 교육과정에서도 배운다. 더 이상 젊은 세대에게는 해당하지 않지만, 당신은 나이 든 러시아인들이 직장에서 다소 수동적이며 모든 결정을 상사에게 맡기는 모습을 보게 될 수도 있다. 이는 공산주의 체제하에서 살아온 유산으로 이해할 수 있다.

우리의 것이 내 것은 아니다

공동생활에서 흔히 간과되는 중요한 측면이 또 하나 있다. 과거의 농노들은 그들이 일구는 땅이 그들의 재산이 아니었으므로 자신들의 노동이 투입된 결과를 빼앗기기 일쑤였고, 따라서 땅이나 그 위에 지어진 건물들에 주의를 기울이지 않았다.

이러한 사실은 왜 관광객들의 발걸음이 뜸한 러시아의 작은 마을과 소도시에는 러시아인들이 나 아보스$^{na\,avos}$라고 말하듯이, 그냥 어떻게든 유지가 되겠지 하는 마음에서 지어진 건물들이 방치된 상태로 남아 있는지 설명해줄지도 모른다. 이 같은 모습은 도시의 대형 아파트 건물에서도 흔히 볼 수 있는데, 계단이 있는 공간이나 공동 복도가 지저분하고 불쾌한 공간일 수밖에 없는 이유 역시 모든 이들의 장소는 그 누구의 장소도 아니기 때문이다. 그렇기에 계단통을 몇 분간 헤매다 따뜻하고 아늑한 아파트 안에 발을 들여놓게 되면 언제나 마음이 편안해진다.

소비에트 시절 사유 재산의 개념은 국영 아파트와 일종의 전원주택인 다차, 또는 시민농장에서의 소비재에 한정되었다. 그 이후 사유 재산에 대한 태도의 변화가 다차에서 시작되었다는 사실은 그리 놀랄 만한 일이 아니다. 모스크바에서 루블레프스코예 고속도로를 따라 내려가다 보면 신러시아인들이 부를 자랑하는 길을 따라 늘어선 그들의 '궁전'을 보게 될 것이다.

국회의원 선거운동 기간 열띤 토론을 벌이는 중에도 모든 후보가 동의하는 한 가지 주제가 있다. 거의 모든 정당은 선거운동에 애국적인 구호를 내거는데 이것이 확실한 승리의 원천임을 거의 기정사실로 받아들여서다.

로디나(모국)에 대한 사랑은 러시아인들에게 항상 영감과 힘을 안겨주었다. 공산주의의 붕괴 이후 공동의 목표가 사라진 상황에서 국민적 사상은 국가의 미래 발전과 안보의 열쇠가 되는 통합이념이 되었다. 2000년에는 구소련의 국가가 러시아 국가로, 혁명이 일어나기 전 러시아를 상징하는 쌍두독수리가 국장(국가의 상징)으로 돌아온 것을 인구의 60%가 반겼다.

러시아군의 역사는 언제나 국민적 자긍심의 원천이며 1812년의 애국 전쟁, 1941~45년의 대조국전쟁 등 군의 위대한 승리의 이름으로 새겨졌다. 내재하는 정의감, 자기희생, 용기, 규율은 러시아군의 전통적 가치관이다. 과거와 현재의 러시아군이 국경을 지키든, 테러리즘에 맞서 싸우든, 혹은 체첸에 있든, 그들 군대의 용맹함과 규율을 다룬 애국 영화들이 거의 매주 국영 TV에서 방영된다는 사실은 오늘날 러시아인들에게 이러한 정신이 되살아났음을 의미하는 생생한 증언이다.

그러나 공격적인 군국주의 정신이 '러시아인의 기질'이라고 말하는 건 옳지 않다. 한 해가 평온하던 중세 시대에 연대기는 그 해에 대해 공백을 남겨 놓고 아무것도 쓰지 않고서 전투와 갈등이 일어났을 때만 기록하곤 했다. 그러나 러시아 초기 역사는 종종 평화로운 시기가 언급되지 않은 전쟁과 침략의 역사로 읽힌다.

상대적으로 고립된 러시아의 거대한 영토는 이웃 국가들로부터 자신을 보호해야만 했다. 전후 소련 인구는 "전쟁이 없는 한 우리는 그 어떤 역경 속에서도 살아남을 것이다."라는 구호를 마음에 품고 살았다. 러시아의 군사력은 별도의 안보와 사기, 그리고 생산성을 높이는 가장 중요한 역할을 제공했다.

그러나 급격하게 휘몰아치는 러시아인의 애국심에는 우려스러운 경향도 담겨 있다. 이는 러시아의 심각한 인종차별 문제에서 자주 드러난다. 러시아의 많은 도시에서는 인종차별주의적인 공격과 살인이 심심치 않게 발생하는데 보통 중앙아시아에서 온 이주 노동자들이 주요 표적이 되었다. 서방세계에서 존경받았던 독극물 공격을 당한 야당 인물인 알렉세이 나발니조차 연설 도중 중앙아시아 이주자와 다른 이주민들을 향

'조국이 부른다', 러시아 남부의 볼고그라드를 내려다보는 스탈린그라드 전투를 기념하는 동상

해 인종차별적인 발언을 서슴지 않았다. 2019년 국가두마에서 가장 많은 의석을 차지한 정당은 악명 높은 블라디미르 지리노프스키가 이끄는 극우민족주의정당LDPR이었다.

변화에 대한 대응

모든 개인과 마찬가지로 모든 사회 역시 급격한 사회변혁기와 불안정한 시대에 적응하는 자신들만의 방법을 개발한다. 1990년대 공산체제의 붕괴는 일부 가치관의 기이한 변화와 새로운 가치관의 출현을 이끌었다.

'아버지 같은 존재'의 역할이 줄어들면서 그동안 속고 소외당했다는 좌절감의 증상으로 많은 이들이 부모에게 버림받은 아이처럼 느끼게 되었다. 기성세대는 새롭게 주어진 자유나 재산권과 같은 새로운 관념을 받아들이지 못하고 수동적 삶으로 도피했다. 평등주의에 기반한 사회에서 70년을 보낸 사람들에게 '소유'라는 생각에 적응하는 문제나, 더 중요하게는 그에 수반되는 책임마저 오롯이 떠맡아야 하는 현실은 젊어지기에 무척이나 무거운 부담이었다.

1990년대 초반 범죄가 기승을 부린 사실은 전혀 놀라운 일이 아니다. 비록 폭력과 기만에 바탕을 두고 있긴 하지만 조직 범죄는 집단 내에서 완전한 복종과 씨족에 의한 엄격한 위계질서를 고수하는 나름의 가치체계를 따르고 있다. 이 현상은 단순히 불안정한 시대를 대변한 격렬한 반응이라기보다 러시아 오브시치나 정신의 사악한 버전, 공포의 지배, 혹은 개성의 굴복은 아니었을까?

1990년대 초반에 팽배했던 희망, 빈곤, 자유, 그리고 완전한 혼란의 시대는 개혁의 성과 부족, 신뢰 상실로 인한 실망, 거의 일상다반사가 되어 버린 모든 권력층의 엄청난 부패를 받아들이면서 대체되었다. 이러한 요소요소가 오늘날 러시아 사회에 걱정스러운 경향을 부추긴 원인이다. 즉, 국민적 자긍심은 때때로 극단주의로 바뀌고, 분노는 공격성으로 대체되며, 희망의 상실은 총체적 수동성을 초래한다.

그렇다고 해서 완전히 우울한 그림을 그리는 것 또한 옳지 않다. 19세기 자본주의 러시아에서 태어난 개인주의적이고 실용적인 삶의 접근은 1990년대 시장경제로의 변화와 함께 새로운 활력을 얻었다. 소비에트의 유산 없이 자라난 젊은 세대는 자립하여 독립적으로 살아가는 삶을 터득했다. "우리의 가장 유럽적인 특징 중 하나는 '우리'가 '우리'보다 '나'를 우선시한다는 점이죠." 이 말은 미국 TV에서 방영된 한 인터뷰에서 모스크바 거리의 한 학생이 언급한 내용이다.

　구소련 이후 새롭게 등장한 세대는 독립적인 사고를 위해 노력하고, 서구의 신기술을 수용하며, 전 세계를 여행하고, 옳고 그름에 대해 나름의 판단을 내리면서도 러시아의 핵심 가치, 즉 가족의 소중함이라는 가치를 간직하고 있다.

가족 단위

여론조사와 여론은 러시아의 일상생활에 빠져서는 안 될 중요한 부분이다. 경제, 정치, 공공 생활의 변화에 대한 반응은 거의 매일 민간 및 국가 기관, 국제 재단, NGO에 의해 추적 관찰된다.

　2018년 8월 여론조사기관 레바다 센터에서 벌인 조사에서 1,600명의 러시아인은 무엇이 그들을 행복하게 만드는지에 관한 질문을 받았다. 가장 중요한 답변은 나 자신과 가족 및 자녀와 손주의 안녕, 삶 그 자체와 세상, 원만한 인간관계, 그리고 나와 가족의 건강이었다.

【 아이들 】

아이들을 대하는 러시아인의 태도는 두 개의 'K'로 요약될 수 있다. 까르미띠 이 꾸따띠Kormit i kutat(따뜻하게 먹이고 감싸기). 부모는 자녀를 돌보는 데 때로는 과잉으로 비쳐질 정도다. 겨울에는 러시아 어린이들이 부피가 큰 방한복을 입고 있는 모습을 자주 보게 된다. 아이들은 밖에 나가기 전에 반드시 몸을 완전히 덮는다. "우리의 삶은 힘들었다. 적어도 우리 아이들은 더 나

시베리아 남서부 튜멘의 한 놀이터

은 삶을 살 것이다."라는 게 일반적인 사람들이 품고 있는 생각이다.

아이들은 끊임없는 자부심의 원천이다. 부모는 자녀들의 학업, 스포츠, 또는 음악적 성취를 기쁜 마음으로 논의하고 보여준다. 러시아인들은 자신보다 자녀들의 교육과 여행에 더 쉽게 돈을 쓸 것이다. 아울러 과외 활동은 매우 중요하다. 러시아 아이들은 둥지를 떠나면서 부모와 평생의 유대를 간직한다.

하지만 현실에서 러시아 가족의 모습은 그렇게까지 장밋빛은 아니다. 러시아는 세계에서 이혼율이 가장 높은 나라 중 하나로 2017년 추정치에 따르면 전체 러시아 가정의 3분의 1은 미혼모가 꾸려간다.

• 한 번 아이는 영원한 아이 •

모스크바의 한 상담소 부소장은 이렇게 말했다. "우리 고객의 25%는 자녀에 대한 걱정, 즉 무관심, 불안, 침묵 등을 이유로 우리를 찾아옵니다. 그리고 우리는 10세부터 50세까지의 전 연령대를 아우르는 모든 아이의 문제를 놓고 이야기를 나눕니다."

구소련 체제가 붕괴할 당시 연금수령자 대부분은 저축한 돈이 사라졌다. 따라서 만약 그들이 확대가족이라면 다른 가족 구성원들의 재정적 지원에 기대 살아갔고, 그렇지 않은 사람들의 경우에는 길거리에서 구걸하거나 담배, 신문, 개인 소지품을 팔아 생계를 꾸려나가기도 했다.

　노인을 모시고 존경하는 전통은 강하게 남아 있다. 지금은 대부분 사라졌지만, 몇 년 동안 승전기념일인 5월 9일에 참전용사들이 거리를 행진하고 학교에서 아이들과 대화하는 전통이 있었다. 비록 시간이 지나면서 이런 모임에 참석해줄 참전용사를 찾기란 여간 어려운 일이 아니었지만, 그들의 용맹과 지혜를 공개적으로 인정하면서 참전용사의 역할을 축하하는 구소련의 전통은 오늘날까지도 지켜지고 있다. 최근 몇 년간 '불멸의 연대' 퍼레이드에서 행진하는 게 큰 인기였다. 천천히 거리를 행진하는 사람들의 손에는 참전용사인 친척들의 사진이 들려 있다. 감동적인 광경은 푸틴 대통령이 종종 자신의 가족을 기념하는 사진을 들고 참석한다는 사실이다. 당신이 어쩌다가 5월 9일에 모스크바 지하철을 타고 여행한다면 모든 어린이가 자랑스럽게 들고 있는 흑백 사진들에서 결코 시선을

떼지 못할 것이다.

두 성별 간 기대수명의 차이로 나이 든 여성들은 러시아 사회에서 매우 중요한 역할을 한다. '할머니 위원회'에 대한 전형적인 이미지는 아파트와 마을 벤치에 모여 앉아 길 가는 모든 사람을 일일이 평가하고 뒷담화를 나누는 모습이다. 이런 할머니 위원회는 '이웃 감시'의 러시아식 해석이다. 모든 행인이 면밀하게 조사되고 논의되기 때문에 도둑을 효과적으로 억제할 수 있다.

러시아 사회의 많은 모순 중 하나는 노인들이 가족 내에서 서열상 존경을 받고 있긴 하지만, 바부시카(할머니)가 종종 손주들이나 돌보고 가정생활을 유지하는 사람에 불과하다는 인식이다. 게다가 구소련 체제의 경직된 사회 분위기 속에서 성장한 탓에 이들과 후세대 사이의 세대 격차는 실로 엄청나다.

여성에 대한 사고방식

러시아 여성에 대한 당신의 이미지는 무엇인가? 긴 다리의 금발 모델, 빨간 머리를 염색한 카키색 유니폼의 중년 세관원,

모스크바 지하철 입구 주변에서 담배를 팔고 있는 탄압받는 바부시카? 여성에 대한 사고방식은 오늘날 러시아인들의 가치관에서 가장 모순된 측면을 내포하고 있다.

러시아에서 여성들을 향한 남성들의 추파나 정중한 관심, 이를테면 문을 열어주거나, 코트 입는 걸 도와준다거나 무거운 가방을 들어주거나 하는 이런 행위는 때로 노련한 미국 여성 간부들조차 당황하게 만들 수도 있다. 러시아인에게 여성은 남성보다 약한 성별로 여겨지므로 존중받고, 사랑받고, 칭찬받아야 한다고 여겨진다. 출퇴근길 지하철 안에서 여성들이 마치 극장에 갈 채비를 하고 나온 듯이 한껏 치장한 모습을 보더라도 놀라지 마라. 구소련 시대의 칙칙한 잿빛이 이젠 언제나 감동을 주기 위해 멋지게 옷을 차려입은 여성들로 대체되었으니까!

러시아의 성공한 디자이너 란제리 체인점 '와일드 오키드'는 '꿈의 러시아 여성', 이른바 자신의 아름다움과 가치를 아는 관능적이고 똑똑한 여성을 보여주는 이미지를 홍보한다. 이 체인의 홍보 이사에 따르면 부유한 부모의 10대 딸부터 40대 후반의 여성에 이르기까지 모든 연령대의 여성들이 그들에게 '상당한' 수익을 올리게 해준다.

그런데도 러시아 여성성의 모델은 강인함과 독립성이다. 러시아 시인 네크라소프에 따르면 러시아 여성은 '달리는 말을 멈춰서라도 불타는 집안으로 뛰어든다.' 그녀는 어머니이자 가족의 전통을 지키는 수호자다.

소련 시절 일하는 여성은 공산주의의 건설자로 남성과 평등하게 칭송받았다. 스탈린의 숙청과 전쟁에서 남성들이 숱하게 죽어 나가는 상황에서 러시아 여성들은 사회의 중추가 되었다.

가정주부로서 러시아 여성은 비록 그녀가 가정일을 도맡을 여력이 되지 않는 전체 85% 중 한 명이라고 해도 여전히 가정에서 명확하게 정의된 역할을 다하고 있다. 남편이 집안일을 돕는 것은 정해진 규칙이라기보다는 예외에 해당한다.

• 여성의 세계 •

모스크바의 한 젊은 러시아 여성은 영국인 남편이 처음 설거지하는 모습을 보고 "당신은 나를 비난하고 정리하는 동안 달성해야 할 기준을 제시하기 위해 이러는 거야?"라며 어안이 벙벙해진 남편에게 강력히 따져 물었다.

여성이 '더 나약한 성'이라는 인식 역시 필연적으로 어두운 측면을 지니고 있으며 가정폭력을 대하는 국가의 태도에서 여실히 드러난다. 2017년 러시아에서 가정폭력은 처벌 대상에서 제외되었다. 이는 "그가 당신을 때린다면 당신을 사랑한다는 의미다."라는 러시아의 속담에 담긴 심각한 사회문제를 반영하는 것이다.

블라디미르 푸틴 대통령은 2012년부터 '러시아의 전통 가치'를 홍보하는 보수적인 사회 프로그램을 계속해 왔다. 이는 2011년과 2012년, 진보 성향의 중산층이 주도한 시위에 대응하는 차원에서 상대적으로 더 가난하고 낙후된 지방의 지지층에 호소하고자 마련된 것이다. 그러나 이 프로그램의 한 목적으로 홍보된 가치관은 HIV의 급속한 확산에서 분명히 볼 수 있듯이 오늘날 러시아인들의 도덕관과 상충하고 있다.

영성

러시아 정교회는 천 년 이상 러시아 역사에서 중요한 역할을 했다. 봉건 시대의 갈등 속에서 러시아 왕자들을 하나로 묶어주었고, 타타르의 침략 기간에는 백성들에게 위안을 안겼다. 아울러 예술을 발전시키고, 전투에 앞서 군인들을 축복하고, 교육에 이바지했다.

러시아 정교회 전통에서 한 인간이 유일하게 품을 수 있는 건 희망이다. 겸손하며 인내심을 가지고 겸허하게 운명을 받아들이고 난 후에는 하나님 나라에 들어가기를 기다려야 한다. 1917년 볼셰비키들은 정교회의 가치를 공산주의라는 새로운 종교에 접목했고, 이제 한 개인은 오로지 전 세계 공산주의의 도래, 즉 '밝은 미래', 더는 천국이 아닌 지상에서의 행복을 위해 노력하고 있다. 각종 성상은 마르크스와 레닌, 그 후에 등장한 스탈린과 다른 지도자들의 초상화들로 대체되었다. 12개의 계명은 '공산주의를 건설하는 도덕률'로 신중하게 짜였다. 교회의 인내, 겸손, 상호 원조의 가치는 '공산주의 건설자'들의 근면한 집단적 공동체에 이상적으로 들어맞았다.

1920년대와 30년대 교회와 수도원이 야만적으로 파괴되었고, 성직자들이 체포되거나 대거 수용소로 끌려가거나 살해되었다는 사실은 크게 놀랍지 않다. 볼셰비키의 정책과 사상이 지배하는 나라에서 두 개의 공식적인 종교는 경쟁할 수 없었다. 그나마 살아남은 교회들은 곡물저장과 같이 덜 영적인 공

야로슬라블의 구세주 교회당에서 나온 13세기 성모 마리아의 성화

간으로 사용하라는 공식적인 요청을 받곤 했다.

1941년 국민정신을 강화하기 위해 스탈린은 정교회에 도움을 요청했다. 그는 감옥과 수용소에 갇힌 수많은 사제를 석방하라는 명령을 내리고, 예배를 위해 교회를 다시 열었으며, 국민을 동지가 아닌 '형제자매'로 불렀다. 그러나 사회주의가 침체기에 접어든 마지막 몇 년간 교회들은 반쯤 비어 있었고, 일부 관광객들만이 예배에 참석했다. 신의 존재를 적극적으로 부정해온 소련의 붕괴 이후, 오늘날 러시아에서 급격하게 확산하고 있는 종교적 관심은 외국인들을 어리둥절하게 만들고 있다.

1991년 레바다 분석센터가 실시한 연구에 따르면 인구의 61%는 자신을 무신론자, 31%가 러시아 정교회라고 생각했다. 1995년에는 러시아 정교회 신자로 생각하는 인구의 비율이 약 60%로 두 배나 불어났다. 어떻게 이런 일이 일어날 수 있었을까?

소련의 붕괴와 소비에트 이념의 불신으로 믿음의 공백이 생겼다. 우리 앞에 펼쳐질 공산주의의 천국이 없다면 사람들은 무엇을 믿을 수 있을까? 처음에는 수많은 미국의 종파와 마술사, 혹은 초자연적 능력이 있다고 주장하는 사기꾼들이 들끓었다. 그러나 1990년대 중반에 이르러 인구 대부분이 정통 기독교로 다시 눈을 돌렸다. 이 숫자는 1990년대의 격동기를 거치며 다소 감소세를 보이다가 2010년 인구조사에서는 인구의 41%가 자신을 러시아 정교회 신자라고 말했다.

부활절 밤 미사(브세노쉬나쟈)는 모스크바의 대통령과 시장이 참석한 가운데 구세주 그리스도 성당에서 국영 TV를 통해 방송된다. 부활절 미사에는 4시간의 입회 시간이 포함되어 있으니 유념하길 바란다.

낙관적 운명론

2000년 상트페테르부르크에서 실시된 여론조사에서 응답자의 83.6%가 설문지에서 제시한 42개의 속담 중 "무슨 일이든 잘하면 된다."라는 말을 가장 좋아한다고 답했다. 이 속담은 흔히 러시아의 '낙관적 숙명론'이라고 부르는 삶의 태도, 즉 삶은 저절로 흘러간다는 태도의 본질이다.

비록 그 본질에는 '어떻게든 상황이 나아지겠지'라는 낙관적인 요소가 담겨 있긴 하지만 변화에 대한 책임은 무의식적으로 외부의 기관, 즉 운명, 운, 또는 정부에 전가된다. 이것은

• 구세주 그리스도 대성당 •

새롭게 복원된 모스크바의 구세주 그리스도 성당은 러시아의 정신적 부흥을 상징하는 건축물이다. 이 성당은 1812년 대조국전쟁에서 나폴레옹 군에 맞서 거둔 러시아의 승리를 기념하기 위해 1881년에 지어졌다. 1931년 스탈린은 대성당을 파괴하고, 꼭대기에 100m 높이의 레닌 동상이 있는 '사원', 즉 소련의 새 궁전으로 대체하기로 마음먹는다. 성당은 폭파되었고 새롭게 지어질 궁전을 위해 정리되었다. 그러나 수많은 기술적 난관에 부딪혀 궁전은 실제로 지어지지 않았고, 결국 궁전의 토대는 난방이 가능한 공공 수영장으로 바뀌어 수십 년 동안 사용되었다. 1995년 러시아 정교회는 정부에 성당을 복원할 수 있도록 해달라고 요청했다. 이 사업을 추진할 자금 마련을 위한 공공기금이 설치되었고, 이 거대하고 호화로운 건물의 육중한 청동 문은 2000년 8월에 다시 열렸다.

이 성당은 2012년 2월에 페미니스트 펑크록 그룹인 푸시 라이엇이 이곳에서 공연을 펼치면서 세계적인 명성을 얻었다. 이 공연은 성직자들에 의해 신성 모독으로 기소되었고, 세 명의 밴드 구성원은 이후 '종교적 증오에 기반한 난동죄'로 투옥되었다. 당신은 성당에서 열리는 주일 예배에 참석할 수 있으나 반드시 규칙을 준수해야 한다. 전체 예배를 다 들어야 할 필요는 없으나 조용히 출입해야 한다. 성당 안에서 여성은 머리에 스카프를 두르고 남성은 모자를 벗어야 한다.

수 세기 동안 억압되어 온 개인주의와 위로부터의 명령에 따른 놀라운 결과이다. 따라서 젊은 세대의 인생관이 더욱더 적극적으로 변하고 있다는 사실은 상당히 고무적이다.

미신

21세기에 작은 미신이 국제적인 외교 분쟁으로까지 변질할 것이라고 예상하는 사람은 아마 없을 것이다. 그러나 정치인이나 재계 인사가 러시아인을 환영할 목적으로 문을 활짝 열고 손을 내민다면 충분히 가능한 일이다. 그는 러시아에서 온 손님이 걱정스러운 듯이 눈살을 찌푸리는 모습에 몹시 놀랄지도 모른다. 무언의 규칙, 즉 문턱에서 악수하면 불운이 온다는 러시아인들의 불문율을 깨버렸다는 사실을 전혀 모를 테니까! 러시아의 눈에 보이지 않는 미신의 세계에 온 걸 환영한다.

그렇다면 어떻게 이런 일을 피할 수 있을까? 여기 몇 가지 조언이 있다. 문턱이나 문지방에 서서 악수하지 말고, 실내에서 휘파람을 불지 말며, 집을 나간 후에는 두고 나온 물건을 찾으러 돌아가지 말고, 빈 병을 테이블 위에 놓아두거나, 미래의 성공을 자랑하지 마라. 만약 당신이 여행을 떠나기 전에 잠시 아무 말 없이 앉아 있었거나, 결혼하면서 비를 맞았거나, 혹은 같은 이름을 가진 두 사람 사이에 자리를 잡았다면 행운을 기대하라. 아기가 태어나기 전에는 아기 선물을 사지 말고, 누군가에게 당신의 소원도 말해선 안 된다. 그 꿈은 이루어지지 않을 것이다! 꽃을 산다면 꽃의 개수가 홀수인 꽃다발을 사라. 짝수는 장례식을 위해 미뤄두자! 만약 이 모든 내용을 읽는 것만으로도 급격하게 피로감이 밀려온다면 매일 그 미신과 더불어 사는 삶은 어떨지 생각해보라.

감정, 헤아릴 수 없는 측정

'신비로운 러시아의 영혼'에 관하여 연구자들 대부분이 동의하는 한 가지가 있다. 서구 문화가 보통 합리적인 결정과 계획에 바탕을 두고 있지만, 러시아 문화는 종종 감정적 대응과 자발성에 기반한 것처럼 보인다는 점이다. 서구인이 '내 생각에는'이라고 말하는 부분에서 러시아인은 흔히 '내 느낌에는'이라고 말하곤 한다. 러시아어는 감정을 설명하는 단어가 세계에서 가장 풍부하다. 전 세계는 푸시킨, 톨스토이, 도스토옙스키, 투르게네프, 그리고 체호프의 책 속에 묘사된 감정 표현에 감탄한다.

러시아 생활의 많은 부분은 비이성적인 것들에 호소한다. 반복적인 리듬의 성가와 체계적인 움직임에 기반한 러시아 정교회는 마음이 아닌 정신에 영향을 미친다. 또한 장거리 이동이나 긴 여행은 철학적이고 추상적인 토론으로 이어진다. 심지어 보드카를 마시는 행위조차 일상에서 분리하는 방법으로 종종 인용되기도 한다.

러시아 정교회에는 "우리는 이 현실을 눈으로 볼 수 없지만, 우리의 마음속은 그것을 인지한다."라고 하는 격언이 있다. 일상적인 고난과 실용성에서 벗어나 순수한 감정의 세계, 즉 즉흥적인 기쁨, 심오한 슬픔, 깊은 영혼의 탐구와 같은 초현실적인 세계에 몰입하는 이런 능력은 외국인들에게는 항상 놀라운 모습이다.

러시아인들은 종종 음울하고 우울한 사람들로 비친다. 영화 〈발디미르의 선택〉에서 1970년대 미국으로 망명한 러시아의 한 음악가는 미국인 친구에게 이렇게 설명한다. "러시아에서는 모든 사람이 고통을 사랑해. 우리는 많은 걸 가지지 못했어. 하지만 각자 자신의 고통을 사랑하고, 그것이 성장하는 걸 지켜보고, 돌볼 거야. 결국 그게 나만의 고통이니까!"

러시아인의 이런 성향을 나라의 비극적인 역사나 혹독한 기후 탓으로 돌리기도 하지만, 결론은 똑같다. 한탄하는 일이 전 국민의 소일거리가 된 셈이다. 그도 그럴 것이 한 사람의 어려움을 해결하려는 결정이 항상 누군가에게 달려 있다면 한 사람은 달리 무엇을 할 수 있겠는가?

표트르 대제는 오늘날 러시아 예술 아카데미의 기반이 된 오락 및 연극 아카데미vseshutejshiy sobor를 설립할 당시 기복이 심한 러시아인의 침울한 기분을 달래기 위해 애썼다. 새해 축하 행사 기간 중에는 귀족인 보야르의 집에서 벌어지는 잔치의 흥겨움에 대한 정도를 확인하기 위해 유흥 확인 담당 경찰merriment police까지 내보냈다.

나는 그를 불쌍히 여겨, 그래서 그를 사랑해

러시아 사법개혁에 따른 배심원제 도입은 예상치 못한 결과로 이어졌다. 국내의 배심원 재판 건수는 여전히 꽤 적지만, 여성이 다수인 배심원단은 확실한 증거 앞에서조차 무죄 판결을 받을 가능성이 커서 러시아인의 연민과 용서의 원칙에 호소하고 있다. "그는 나를 불쌍히 여겨."와 "그는 나를 사랑해."라는 말은 러시아 문학에서 흔히 같은 의미처럼 그려진다.

2005년에 여성 독자를 대상으로 하는 한 국내 잡지가 동정심이 과연 오늘날 러시아 사회에서 필수 덕목인지 의문을 제기하는 기사를 실었다. 러시아의 전통 가치로서 연민은 쓸모없다는 것이 기사의 요지였다. 그것은 동정하는 사람이나 동정받는 사람 모두에게 굴욕감을 안긴다. 이는 특히 남편이 알코올 중독자이거나 약물 중독자, 혹은 확고한 비관주의자인 여성들과 관련이 많다. 이 부류의 남자들은 연민이라는 보호막을 치고 아내들에 의해 버릇이 잘못 들어 더 나은 삶을 위해 스스로 개선하려는 시도조차 하지 않는다고 한다.

"아기처럼 행동하는 어른을 불쌍히 여기지 마라." 잡지는 이렇게 제안한다. "당신이 미안하게 느끼고 있는 그 사람은 자기 자신에 대해 책임지는 법을 배워야 한다. 보모의 역할은 건강에 해롭다. 당신에게 필요한 일을 생각하고, 자기 자신을 사랑하며 존중하는 것이 당신의 의무다." 이 주장에 동의하거나 동의하지 않을 수도 있지만, 잡지의 기사는 순교와 자기희생의 전통에서 탈피하고, 자신의 욕구를 알며 의사결정 능력을 지닌, 자의식이 강한 개인의 권리를 확립하려는 시도가 필요함을 강조한다.

러시아인의 자화상

러시아인들이 자기 자신을 어떻게 인식하는지 조사한 레바다 센터의 여론조사에 따르면 러시아인들은 스스로를 "다정하고 친절하며, 손님을 따뜻이 맞아주는 한편, 게으르고 무책임하며, 비실용적이고, 굴욕적일 정도로 인내심이 있는"것으로 본다. 이런 묘사는 전형적인 러시아 민화 영웅인 예멜리야를 닮았다. 그는 똑똑한 형들과는 달리 사랑스럽고 잘 속아 넘어가지만, 열심히 일하지 않고서도 결국 원하는 걸 얻어낸다.

실제로 러시아 역사를 살펴보면 그런 인물의 개발이 분명해진다. 어쨌든 누군가가 당신이 힘들여 일한 모든 결과를 빼앗아 간다면 열심히 일하는 게 무슨 의미가 있겠는가? 그리고 어쩌면 살아남기 위해 순진하고 비현실적인 척하는 게 더 쉬웠을 수도 있다. 공포 정권하에서 러시아인들은 이런 기지와 지략을 발휘해 살아남았을 것이다. "러시아인은 똑똑하지만 바보인 척한다." 러시아의 역사학자 클루쳅스키가 한 말이다.

이 자화상에는 응답자들이 전혀 언급하지 않은 러시아인들의 중요한 특성이 있다. 바로 회복력이다.

회복력

1998년 러시아의 루블화는 하룻밤 사이에 다섯 번이나 폭락했고 새로 생겨난 중산층을 싹 쓸어버렸다. 2014년 크림반도 병합과 서방의 러시아 제재 이후 루블화는 급격한 평가절하를 거치며 불안과 불확실성으로 몸살을 앓고 있었다. 만약 당신의 자국 화폐가 무너지고, 당신의 저금액이 덩달아 줄어든다면 어떻게 하겠는가? 아니면 가격이 1년 동안 26배나 오른다면? 그런데도 러시아인들 대다수는 계속해서 일하고, 사랑하고, 웃으며 지낸다.

고난을 극복하는 국민의 역량은 역사로 증명되었다. 오늘날 러시아 대중음악의 가사처럼 "우리 러시아 사람들은 그 모든 일에도 굴하지 않고 무릎을 쭉 펴고 일어설 것이다!"

03

풍습과 전통

휴일과 기념일이 많은 러시아에서 사람들이 음식에 많은 돈을 쓴다는 것은 전혀 놀라운 사실이 아니다. 오죽하면 "새해 전날 우리가 자기 자신에게 주어야 할 최고의 선물은 과식을 그만두는 것"이라고 러시아 코미디언 미하일 자도르노프가 말했을까! 당신은 꽤 자주 파티에 초대될 것이다. 그런데 바로 이때가 일종의 내부 규칙이 영향력을 발휘하기 시작하는 시점이다. 당신이 파티에서 어떻게 행동하느냐에 따라 방문이 성사될 수도 방해받을 수도 있다.

국경일과 축제

러시아의 한 해 달력에는 기념일로 가득하다. 구소련의 유산으로 독립 후 도입된 여러 휴일과 정교회 축제의 부활이 혼재되어 있어서다. 러시아 달력에서 보통 빨간색으로 표시된 날은 공휴일이다.

국경일	
새해 첫날	1월 1일~2일
러시아 정교회 크리스마스	1월 7일
조국 수호자의 날	2월 23일
국제 여성의 날	3월 8일
봄과 노동의 축일	5월 1일~2일
승전기념일	5월 9일
러시아의 날	6월 12일
통합의 날	11월 4일

【 1월 1일: 새해 첫날 】

러시아인들이 가장 좋아하는 명절이다. 정치나 종교의 영향을 받지 않는 유일한 명절이기에 누구나 좋아할 만하다. 축제 같은 분위기의 행사는 나무를 장식하는 것으로 시작되는데, 러시아에서는 크리스마스트리가 아니라 새해 트리다. 선물은 산타클로스의 러시아 버전인 데드 모로스(서리 할아버지)와 그의 손녀로 눈의 여인인 금발의 스네구로치카가 가져다 놓는다.

러시아 속담에는 자신이 한 해를 맞이한 방식과 똑같이 한 해를 보낸다는 말이 있다. 그러므로 불꽃놀이와 팡파르 소리와 함께 큰 축하 행사를 열고 밤새도록 파티를 즐기는 것이다.

믿기 어렵겠지만 이 기념행사조차도 차르의 의지로 탄생한 한 예다. 1699년 12월, 당시는 성서에 있는 천지창조의 순간으로부터 시간을 계산한 러시아 율력으로 7208년이었다. 표트

2016년 소치에서 서리 할아버지, 눈의 여인과 함께 찍은 가족

르 대제는 유럽의 달력에 맞춰 러시아에 완전히 새로운 달력을 부여하기로 하고 다음 해는 1700년이 될 것임을 알렸다. 더불어 대규모 파티와 축하 행사가 선포되었다. 이때 실제 축하 행사가 이뤄지는지 확인하기 위해 민가를 순찰할 '유흥 확인 담당 경찰'에게 공식적으로 권한을 주었다. 그렇지 않은 사람들(혹은 여전히 충격에서 헤어나오지 못한 상태로 새로운 시간을 받아들이느라 고군분투하는 사람들)은 엄중한 처벌을 받았다.

· 비수기 ·

만약 여러분이 새해 축하 행사를 놓친 상황이라면 데드 모로스에게서 선물을 받을 수 있는 또 다른 기회가 있다. 6월은 데드 모로스를 만날 수 있는 최적의 시기다. 바로 그가 겨울 합동 축하 행사를 위해 핀란드에 있는 산타클로스를 방문하지 않고 러시아에 있는 기간이기 때문이다. 공식적으로 데드 모로스는 러시아 북서부 볼로그다주에 있는 작은 마을 벨리키우스튜크에서 나무를 깎아 만든 목재 궁전에 살고 있다. 그에게는 우체국, 오케스트라, 신문, 잡지, 썰매가 있다. 공식 기록에 따르면 그의 첫 여권은 1048년 1월 1일에 발급되었다.

【 1월 7일: 러시아 정교회 크리스마스 】

정교회 크리스마스 기념행사는 소련 정권하에서 금지되었다가 1992년이 돼서야 공식적으로 부활하였다. 러시아 정교회는 여전히 오래된 율리우스력을 사용하고 있으므로 크리스마스가 서유럽의 크리스마스보다 13일 늦은 1월 7일이다. 자정에 정교회는 합창으로 예배를 시작한다. 그리고 예배는 족히 새벽까지 몇 시간 동안 이어진다.

【 2월 23일 : 조국 수호자의 날(구 붉은 군대의 날) 】

징병제로 인해 남성의 90%는 옛 소련군에 복무했거나 적어도 갈 예정이었다. 러시아에도 여전히 징병제가 남아 있어서 18세에서 27세 사이의 모든 남성은 12개월간 의무적으로 군에 복무한다. 아버지의 날이 없는 관계로 2월 23일은 이 나라의 남자들을 기념하는 날로 발전했다. 여성 대부분이 남자 친척과 친구들에게 선물을 주고 3월 8일 여성의 날에 답례받기를 기대한다. 그러나 이 휴일은 일반적으로 여성의 날보다 중요성이 덜하다는 점에 유의한다.

【 3월 8일: 국제 여성의 날 】

이날은 꽃값에 주의하자. 평소보다 두 배 혹은 세 배로 뛸 수도 있다. 아울러 당신의 인생에서 여성에 대한 감사의 마음을 보여주는 데 상당한 비용이 들 수도 있다. 길에서 튤립이나 장미를 들지 않은 여자를 거의 찾아볼 수 없을 것이다. 남자들은 아내, 엄마, 딸, 자매, 그리고 여자 친구들과 동료들에게 초콜릿, 꽃, 그리고 작은 선물을 준다. 남자 직원이나 회사 자체에서도 여직원들에게 선물과 꽃을 선물하는 것이 관례인데 외국인이라고 해서 예외가 되진 않으니 기대해봐도 좋다.

【 부활절 】

러시아 정교회 달력에서 가장 큰 행사인 부활절 준비는 미리부터 시작된다. 이 나라에서 종교가 급속히 확산하면서 많은 사람이 사순절을 지키고 있다. 2007년에는 러시아의 비행기와 기차에 사순절 대체 메뉴가 도입되었으므로 시베리아 횡단 특급으로 여행하는 경우 러시아식으로 기념할 수도 있다. 대부분의 식당과 카페는 이 기간 사순절 메뉴를 제공하는데 육류를 섭취하지 않는 전통에 따라 러시아의 채식주의자들에게는 더없이 다양하며 선택의 폭이 넓어지는 시기다. 부활절

모스크바 구세주 그리스도 대성당에서의 부활절 예배

이 시작되기 3일 전 '성목요일'에는 집에 있는 모든 것을 철저히 청소해야 한다.

많은 사람을 위해 축하 행사는 토요일 저녁에도 예배와 함께 계속된다. 예배는 오후 11시 30분에 시작해서 새벽 4시까지 이어진다. 최근 몇 년간 이 예배는 텔레비전으로 방송되었고 정치 지도자들도 참석했다.

정교회 사제가 신도들에게 "그리스도께서 부활하셨다!"라는 말로 인사를 건네면, 그에 대한 화답으로 "진실로 부활하셨다!"라고 인사를 주고받은 다음 사람들은 세 번의 키스를 나눈다.

낮 동안 사람들은 친척들과 가까운 친구들을 찾아가 '쿨리치'와 '파스하'라고 부르는 달걀과 건포도를 섞은 크림치즈로 만든 피라미드 모양의 '케이크'를 선물하고 완숙한 삶은 달걀을 칠한다. 러시아에서 부활절 달걀 싸움

쿨리치 부활절 케이크

의 전통은 그리스 전통과 비슷하다. 축제 만찬 전에 모든 사람은 이웃의 달걀을 쳐서 깨려고 한다. 마지막까지 달걀껍질이 온전한 상태로 남아 있는 사람은 일 년 내내 운이 가장 좋을 것이다.

【 5월 1일: 봄과 노동의 축일(구 근로자의 날) 】

구소련 시대의 유산으로 일 년 중 가장 큰 휴일 중 하나였던 이날은 성대한 퍼레이드와 선전 깃발이 나부꼈었다. 비록 더는 국제노동자 연대의 날로 기념하지는 않지만, 사람들은 바비큐와 피크닉을 즐기기 위해 공원과 시골을 찾는 등 여전히 축

제 정신을 유지하고 있다. 5월 2일도 쉬는 날이다. 5월 첫 2주
는 러시아인들이 해외여행을 가장 많이 가는 기간이기도 하
다. 많은 사람이 휴일을 이용하여 가장 좋아하는 여행지를 향
해 훌쩍 떠난다.

【 5월 9일: 승전기념일 】

1945년 5월 9일은 러시아인들에게 나치 독일에 대항한 대조국
전쟁이 끝난 날이다. 그날은 바로 그 당시 치열했던 전투에서
목숨을 잃은 수백만의 사람을 기억하고 참전용사들을 기리기

2015년 모스크바에서 열린 승전기념일 축하 행사에 참석한 참전용사

위한 날이다. 이제 생존한 참전용사들을 찾아보기란 매우 힘들어졌다. 시 공원에서 메달과 제복을 입고 있는 그들의 모습을 보는 일 역시 드물어졌다. 승전기념일에는 대규모 군사 퍼레이드가 열리고 무명용사의 무덤에 화환이 놓인다. 최근 몇 년간 전쟁에 참전했던 친척들의 포스터와 플래카드를 들고 도시의 거리를 행진하는 것이 많은 러시아인에게 높은 인기를 얻고 있다. 푸틴도 종종 이 행진에 참여한다.

【 6월 12일: 러시아의 날 】

1990년 이날 러시아 의회는 공식적으로 러시아연방의 독립을 선언했다. 1991년 옐친 대통령에 의해 제정된 이후 공식적으로 공휴일로 인정받았다. 국민단결의 날처럼 대부분의 러시아인들은 이 휴일의 의미에 크게 중요성을 부여하지 않고 쉬는 날 그 자체를 즐긴다.

【 11월 4일: 통합의 날 】

러시아 역사상 11월은 언제나 격동의 달이었다. 지난 10년간 마치 곡예를 하듯이 그 의미가 여러 번 바뀐 11월의 연휴가 이를 잘 보여준다. 거의 70년간 소련은 1917년 상트페테르부르크에서 봉기한 볼셰비키 혁명의 날인 11월 7일(또는 과거 10월 25일)에 위대한 10월 사회주의 혁명의 날을 기념했다. 한때 소련의 공휴일이었던 이틀간의 휴일은 소련 체제가 무너진 이후 그 정치적 중요성은 빛이 바랬다. 구체제는 사라졌지만 많은 사람이 여전히 소비에트 시절의 관습에 애착을 버리지 않는다. 은퇴한 공산당원들이 붉은 깃발과 현수막을 들고 행진하면서 '좋았던 옛 시절의 안정된 삶'으로의 복귀를 지지하며 시위하는 모습을 볼 수 있다. 이날은 소련이 몰락한 후 외교적으로 '국민적 합의와 화해의 날'로 이름이 바뀌었다.

2005년에는 새로운 11월의 기념행사가 만들어졌는데, 일부 관측통들에 따르면 향수를 불러일으키는 소련식 시위와 균형을 맞추기 위해서였다. 이는 1612년 11월 모스크바에서 폴란드-리투아니아 점령군이 추방된 것을 기념한다.

보리스 그리즐로프 국가두마 의장은 휴일의 새로운 의미를 설명하면서 '러시아의 군사적 영광을 찬양하는 기념일'이라고 특정했고, 이는 사회 내 위험과 대립을 수용하지 않겠다는 의지를 일깨우는 역할도 하고 있다고 웹사이트(strana.ru)가 전했다.

그러나 2004년 10월 레바다 센터가 46개 지역에 거주하는 1,600명의 러시아 시민을 대상으로 벌인 여론조사에 따르면 6%만이 새로운 휴일의 도입에 찬성했고, 36%는 이에 반대하면서 통합의 날(10월 사회주의 혁명의 날)을 계속 유지하는 게 더 낫다고 답했다. 약 24%는 하루를 쉴 수만 있다면 어떤 휴일을 기념하든 상관하지 않는다고 대답했다.

'일하는' 축일과 페스티벌

공휴일과는 별개로 관공서, 상점, 기업의 경우 정규 근무일이지만 파티를 열기 충분한 명분을 쌓아주고 있는 '공휴일'이 속출하고 있다. 이것들 외에도 다양한 종교적 행사는 그들 자신만의 의식과 기쁨을 가져온다. 여기서 가장 중요한 몇 가지를 언급하겠다.

【 1월 13일: 정교회 새해 첫날 】

1917년 이전까지 율리우스력을 따르는 러시아는 세계의 다른 나라들보다 새해 첫날이 13일 늦었다. 하지만 1917년에 공식적으로 달력이 바뀌었음에도 많은 사람이 오래된 습관을 바꾸길 꺼렸고, 오래전 풍습과 전통 탓에 계속해서 새로운 달력

이전처럼 새해 첫날을 기념했다. 그 결과 러시아에서는 두 번의 새해 축하 행사가 열린다. 다만 예전 새해 첫날의 기념행사는 1월 1일처럼 성대하게 치러지지 않으며 쉬는 날도 아니다.

【 1월 19일: 세례식 】

이날 정교회는 요단강에서 예수가 요한으로부터 받은 세례를 잊지 않고 기억한다. 그날 성령은 비둘기의 형상으로 내려와 예수가 신의 아들임을 아버지 하느님의 음성으로 만천하에 알렸다. 강물, 샘물, 우물을 봉헌하기 위한 엄숙한 종교행렬이 러시아 전역에서 열린다. 성직자들은 얼음 구멍 속의 물에 십자가를 담근다. 예배 후 신도들은 자신의 집을 성스러운 물로 정

· 덕담 ·

예수 공현 대축일 Epiphany(1월 6일로 기독교에서 동방 박사들이 아기 예수를 만나기 위해 베들레헴을 찾은 일을 기리는 축일—역주)의 **사업가를 위한 러시아 카드**: "오늘은 천사가 어깨에 내려앉아 새로운 사업에 세례를 주는 날입니다. 협상에서 행운을 빕니다!"

화한다. 1월의 혹한을 무릅쓰고 세례를 받기 위해 얼음물에 뛰어드는 사람들의 용기에는 감탄할 수밖에 없다.

【 1월 25일: 타티아나의 날 또는 학생의 날 】

1775년 순교자인 성녀 타티아나의 날에 러시아 여제인 옐리자베타 페트로브나가 모스크바대학교 설립 법령에 서명했다. 18세기와 19세기에는 모스크바대학교의 창립기념일로 기념되었으나 19세기 후반에는 이미 모든 대학과 학생들에게 휴일이 되었다. 현재와 이전의 학생들 모두 이날을 즐긴다. 이는 젊은 시절의 근심 걱정 없는 속 편한 시간을 기념하는 것이다.

모스크바대학교의 타티아나의 날 기념 벌꿀 술 건배

【 2월 14일: 성 밸런타인데이 】

이날은 젊은 세대와 인사말 카드 제조업체들이 모두 즐기는 소련 이후의 새로운 휴일이다. 3월 8일처럼 부풀려진 꽃값을 조심하라!

【 마슬레니차 】

봄을 맞이하면서 서리 낀 겨울과 작별하는 이날은 대규모의 러시아식으로 기념한다. 당신이 팬케이크광이라면 틀림없이 이 축일에 푹 빠질 것이다. 왜냐하면 이 팬케이크는 참회 화요일(사순절 전날-역주)과는 달리 일주일 내내 지속될 뿐만 아니라 참회 주일(재의 수요일 직전의 일요일-역주)에는 카니발, 모닥불, 얼음 성을 차지하려는 눈싸움, 트로이카 썰매 타기 등으로 절정을 이루기 때문이다. "팬케이크 없는 슈로브타이드(마슬레니차)는 없고, 파이 없는 생일 파티도 없다."라는 러시아 속담이 있을 정도다. 이 같은 전통은 이교의 태양 숭배에서 비롯되었으며 이를 상징하는 둥근 황금 팬케이크에는 버터, 철갑상어알, 사워크림이 곁들여져 있는데, 바로 슈로브타이드가 사순절 7주 전 마지막 주이기 때문이다. 전국의 숲과 공원에서 열리는 야외 축제에서 마슬레니차 축하 초대를 받는다면 따뜻하게 챙

상트페테르부르크의 공원에서 펼쳐지는 마슬레니차 콘서트

겨 입고 꼭 참석하라. 절대 후회하지 않을 것이다!

【 4월 1일: 만우절 】

러시아에서 사람들에게 실없이 농담을 던지거나 장난치기 더 없이 좋은 날이다. 〈콤소몰스카야 프라우다〉 신문은 과거 4월 1일에 추코트카에서 냉동 매머드 송아지가 발견되었으며 복제하여 모스크바 동물원으로 옮겨졌다고 보도한 바 있다. 이 기사가 그냥 웃고 넘기자고 한 농담인지 몰랐던 시베리아의 한 교사는 어린 학생들이 실물을 볼 수 있도록 6시간의 비행이 포함된 짧은 여행 일정을 짰다. 그녀는 동물원 행정부와 크게 다투었다고 한다!

【 성 삼위일체 】

부활절이 지나고 50일이 되는 날을 기념하는 삼위일체는 가장 중요한 종교적 축일 중 하나이지만 최근에야 국가 기념일이 되었다. 이날 사람들은 집과 아파트를 풀과 야생화로 장식하고 새로운 삶을 축하한다. 삼위일체 전 부활절 다음 주의 토요일인 어버이날은 돌아가신 친지들을 기념하는 날이다.

【 9월 1일: 지식의 날 】

모든 학교에서 새 학기 첫날에는 학생들이 옷을 단정하게 차려입고 선생님들을 위해 꽃을 가져온다. 1학년 학생들은 입학식을 위해 학교 운동장에 모인다. 이때 졸업하는 학생이 1학년 여학생을 어깨에 짊어지고 나타나는데, 1학년 여학생이 첫 종을 울려 지식의 문을 연다.

'각종 직업'을 기념하는 휴일

이처럼 광범위한 국경일, 공휴일, 종교 축일의 목록만으로는 성에 안 차는지 특정 직업을 기념하는 휴일도 있다. 1월 13일 러시아 언론의 날, 4월 30일 소방관의 날, 5월 27일 사서의 날, 5월 28일 국경수비대의 날, 7월 9일 우체국 근로자의 날이 여기에 해당한다. 해마다 다른 직업군이 새로 추가되는 추세다.

우주인의 날은 이 직업군에 종사하는 사람의 수가 수천 명이 아니라 수백 명 정도 꼽는 수준에 불과하지만 가장 인기 있는 직업의 날 중 하나다. 매년 4월 12일에 기념하는데 1961년 바로 이날에 성공한 첫 유인 지구 궤도를 축하하기 위해서다.

기념식은 모스크바 근교의 코롤료프 시에 있는 우주 비행사 유리 가가린의 동상 근처에서 시작한다. 참석자들은 경찰의 호위를 받으며 크렘린 성벽 네크로폴리스에 있는 가가린의 무덤을 찾아 붉은 광장으로 이동한다. 그리고 우주 정복자 기념비 근처에 있는 우주인 골목으로 계속 나아간다.

러시아인들에게 생일은 중요한 기념일이다. 하지만 생일 외에도 보통 두 번째 생일로 기념하는 성인(聖人)의 날을 기념하고 있는데, '이메니니' 또는 '영명 축일'이라고 부른다. 가장 인기 있는 날은 9월 30일의 '믿음, 희망, 사랑'으로 번역되는 세 개의 상징적인 이름인 '베라, 나데즈다, 류보브'이다.

휴일과 기념일이 많은 러시아에서 사람들이 음식에 많은 돈을 쓴다는 것은 전혀 놀라운 사실이 아니다. 오죽하면 "새 해 전날 우리가 자기 자신에게 주어야 할 최고의 선물은 과식 을 그만두는 것"이라고 러시아 코미디언 미하일 자도르노프가 말했을까! 당신은 꽤 자주 파티에 초대될 것이다. 그런데 바로 이때가 일종의 내부 규칙이 영향력을 발휘하기 시작하는 시점 이다. 당신이 파티에서 어떻게 행동하느냐에 따라 방문이 성 사될 수도 방해받을 수도 있다. (다음 장 '친구 만들기'를 참고하기를 바란다.)

• 날짜를 신중하게 선택하라 •

새해, 크리스마스, 정교회 새해 행사가 1월 중순까지 이어지는 가운데 새해 첫 2주간 마련된 회의는 뚜렷한 성과를 거두지 못할 것이다. 연이은 휴일을 기념 하거나 휴가를 이용하여 여행을 떠나는 이들이 많은 탓에 1월 한 달간 전국이 휴무에 들어간다는 소식은 흔히 듣게 되는 일이다. 그러므로 이 기간에는 별

다른 성과를 기대하지 않는 게 좋겠다.

5월에는 공식 휴무일(5월 1, 2, 9일)과 다차(시골집) 시즌이 시작되는 5월 셋째 주까지 사무실을 비우는 사람이 많다.

04

친구 사귀기

러시아인들은 대다수가 독서가들이다. 당신은 전화보다는 책을 손에 들고 지하철이나 여타 대중교통을 이용하는 사람들의 수에 놀랄지도 모른다. 시인 안드레이 보즈네센스키는 말했다. "컴퓨터는 미국의 힘이고, 독서가는 러시아의 힘이다." 러시아인들은 책을 좋아하고 자신들의 풍부한 문학적 전통을 자랑스러워한다.

긴 여행, 농부들의 겨울, 타고난 호기심, 보드카. 러시아인들이 흔쾌히 마음을 터놓고 진심으로 당신 이야기에 귀 기울이도록 만들어주는 요소는 이 외에도 많다. 기차 안에서의 첫 한 시간, 첫 술자리, 혹은 점심 시간 첫 흡연 시간이 지나고 나면 조심성 가득했던 표정은 사라지고 얼굴 가득 미소로 환해진다. 그럼 당신은 러시아 사람과 친구가 된다는 게 어떤 의미인지 알게 될 것이다.

거리와 목소리의 크기

러시아에서는 사람들이 당신과 매우 빨리 가까워진다. 말 그대로다. 개인 간 거리는 대중교통을 타고 있거나, 줄에 서 있거나, 혹은 일상생활에서 의사소통 시 더 가까워진다. 그리고 목소리도 덩달아 커진다. 당황한 영국인 남편이 러시아인 아내가 친지들에게 러시아어로 말하는 것을 듣고 "당신이 사람들한테 그렇게 고함칠 줄은 몰랐어."라고 말했다고 한다.

새로운 우정이 싹트는 처음 10분간 러시아인이 당신의 어깨를 토닥이거나 귓가에 몸을 기울이고 더 바짝 다가오는 걸

느끼게 될 것이다. 이에 더해 목소리는 점점 더 커지고 어느새 자기 쓸개에 담석이 있다는 둥 자신의 특별한 비밀이나 애정 생활에 관한 내밀한 이야기까지 꺼낸다면 이후 나누게 될 대화의 주제가 훨씬 더 많아질 것이다. 아울러 피해야 할 얘기들도 더욱 많아질 테고 말이다.

대화 주제

【 책 】

러시아인들은 대다수가 독서가들이다. 당신은 전화보다는 책을 손에 들고 지하철이나 여타 대중교통을 이용하는 사람들의 수에 놀랄지도 모른다. 시인 안드레이 보즈네센스키는 말했다. "컴퓨터는 미국의 힘이고, 독서가는 러시아의 힘이다." 러시아인들은 책을 좋아하고 자신들의 풍부한 문학적 전통을 자랑스러워한다. 최신 소설, 철학, 역사, 혹은 신문 칼럼에 관한 대화는 흔하다.

【 정치 】

러시아의 정치는 전혀 지루할 틈이 없다. 많은 서방 국가와 관계가 경색된 까닭에 모든 사람이 정치와 관련된 이야기를 나눈다. 그러니 저녁 식탁에 모여 앉은 손님들이나 사무실의 동료들, 혹은 옆의 벤치에 앉아 있는 할머니들까지 최근의 정치적 현안에 대하여 격렬한 토론을 벌이더라도 놀라지 말기를 바란다. 단 조심하라! 만약 외국인인 당신이 러시아 정부를 비난한다면 그들은 좋아하지 않을 수도 있다. 러시아의 동부 우크라이나 분쟁 개입, 푸틴을 둘러싼 각종 견해, 크림반도 병합 등 논란의 여지가 있는 주제들은 조심스럽게 접근하는 게 최선이다.

【 아이들과 가족 】

러시아인들은 아이들의 발전을 자신들의 우선순위 중 하나로 본다. 따라서 부모들은 흔히 자녀들이 이룬 성취를 매우 자랑스럽게 말하곤 한다. 그들은 당신에게 자녀들의 학업 성적이나 최근 스포츠 대회에서 받은 우승 트로피를 보여줄 것이다. 공공연히 음악 재능이나 선행을 과시할 수도 있다. 러시아인들은 자녀뿐만 아니라 가족에 대해서도 스스럼없이 이야기할 것이다. 외국인들은 종종 러시아인들이 가족 간의 불화, 문제점, 결혼 계획의 세부적인 내용까지 식탁 주변에서 공개적으로 논의한다는 사실에 놀란다.

【 속마음을 다 털어놓는다 】

몇 번의 건배를 하고 나면 다정다감하고 친밀한 분위기로 넘어갈 것이다. 러시아인들은 이미 눈치챘겠지만 상당히 동정심이 많고 언제든 다른 사람의 문제에 귀를 기울이며 공감할 준비가 되어 있다. 대도시에서는 상담 서비스를 폭넓게 이용하기도 하지만, 지방 도시에 사는 사람들은 다른 나라의 폭넓은 상담 서비스에 대해 전해 듣고는 종종 놀라워하며 묻곤 한다.

"그럼 친구 좋다는 게 뭐죠?"

【 건강과 치유 】

당신은 곧 주변 사람들이 건강이나 치유, 혹은 전인적 의료에 대해 자세히 논의한다는 사실을 알게 될 것이다. 가령 세관원은 당신이 여권 심사 대기줄에서 기다리는 동안 동료와 자신의 두통에 대해 상의할 것이고, 전날 밤에 과음했던 당신의 사업 동료는 갑작스러운 두통을 호소하며 아침 회의를 취소할 것이며, 당신의 비서는 독감이 유행할 때 예방 차원에서 마늘꿀을 사무실에 가져다 놓을 테고, 당신은 위장을 가라앉힐 수 있는 숯 알약을 건네받게 될 것이다.

"저는 이제는 러시아어 선생님과 공부를 못하겠어요."라고 한 영국의 외교관이 불평했다. "제가 재채기를 할 때마다 그녀는 수업을 중단하고 검정 무즙을 섞은 꿀부터 양파 팅크제 tincture(생약에 알코올을 혼합해 유효성분을 침출한 액체-역주)에 이르는 여러 치료법을 나열하죠. 적어도 그녀는 저에게 그걸 주진 않더군요!"

【 돈 】

1990년대 초반의 하이퍼인플레이션, 실패로 돌아간 피라미드 금융사기, 그리고 물론 1998년의 금융 위기 당시 개인 예금의 막대한 손실은 러시아인들이 은행과 금리 문제에 눈을 뜨게 만들었다. 가격은 물론 월급과 관련된 대화도 종종 오가므로 직접적으로 물어보는 질문에 대비하는 게 좋다. 이를테면 "그래서 얼마를 버세요?", "당신 차는 얼마 주고 샀어요?", "당신 집값은 어느 정도 하죠?" 이런 질문들은 러시아에서 크게 무례하게 여겨지지 않는다. 호기심에서 비롯된 것일 뿐 그 이상은 아니다.

【 여성의 나이 】

여성의 나이는 거의 언급되지 않는다. 심지어 성대한 생일 축하 행사에서도 그 여성의 나이는 축사에서조차 입에 올리지 않는다. 첫 여성 우주 비행사 발렌티나 테레시코바의 70번째 생일에도 TV나 신문 지면이 축하 인사로 가득 채워졌지만, 그녀의 나이는 단 한 번도 언급되지 않았다.

유머

러시아인들은 블랙 유머의 달인이다. 사람들이 어려운 시기를 견디고 삶의 압박과 걱정 속에서도 그나마 한숨 돌리고 살 수 있게끔 다독여준 것은 유머였다.

불륜과 사돈에 대한 보편적인 농담 말고도 러시아 생활의 현실을 반영한 농담도 있다. 예컨대 보드카와 과도한 술 소비, '신러시아인'을 비꼬는 농담, 뇌물로 생계를 꾸리는 부패한 경찰 등 다양하다.

사람들은 농담을 주고받는 대화에 당신도 일조하리라 기대할 것이다. 단 농담은 '통'해야 한다는 걸 명심하자. 예를 들어 크리켓이나 야구에 관한 농담은 러시아에서는 잘 안 통한

· 벌금 ·

아침 6시. 운전자가 속도위반으로 경찰에게 저지당한다. 경찰: "그런데 왜 그렇게 서두르셨어요?" 운전자는 한숨을 내쉬며 100달러짜리 지폐를 꺼냈다. "그냥 제시간에 당신에게 돈을 전달하고 싶었어요."

다. 일반적으로 게임의 규칙도 잘 모를 테니까 말이다. 부정부패나 혹은 인생의 어두운 면에 관한 것이라면 누구든 웃길 수 있다.

후한 마음

러시아 친구들은 가히 당신이 질식할 것만 같은 기분을 느끼

• "언제 한번 놀러 오세요." •

가끔 가벼운 제안이 약간은 문자 그대로 받아들여질 수도 있다. 한 영국인은 리셉션에서 만난 러시아 사업가와 잠깐 얘기를 나눈 뒤 졸지에 이틀 뒤 사격 파티를 열게 생겼다. 발단은 영국인이 "제 영지는 사격하기에 제격이죠. 언제 한번 놀러 오세요."라고 말한 게 발단이 되었다. 영국인의 말이 끝나기 무섭게 러시아인 사업가가 수첩을 꺼내 들더니 이렇게 대답했다. "고맙습니다. 저는 다음 주 화요일까지 영국에 있을 거거든요. 그러니까 괜찮다면 이번 주말에 갈 수 있겠네요. 제 가족과 비서와 경호원까지 총 7명이 될 것 같습니다!"

게 될 정도로 잘 돌봐줄 것이다. 밤낮을 가리지 않고 먹을 것과 마실 것을 대접받으며 선물도 받게 될 것이다. 거꾸로 그들이 당신을 찾아온다면 당신은 정말 따라서 하기 힘든 행동들이다. 러시아의 환대는 타의 추종을 불허한다.

보드카

10세기 키예프의 왕자 블라디미르는 "러시아에서 음주는 즐거움이고, 우리는 술 없이는 존재할 수 없다."라고 말했다. 러시아 사람들은 보드카, 코냑, 샴페인, 포도주, 맥주 가릴 것 없이 누구든 술을 즐기는 편이다. 요즘 젊은이들 사이에서는 맥주가 더 인기다. 그럼에도 보드카는 의심할 여지 없이 이 나라의 국민 술이며 심지어 점점 더 커지고 있는 수제 맥주 붐조차 보드카의 아성을 넘어설 것 같지는 않다.

러시아 사회는 음주를 축하와 휴식의 필수 요소요 일상생활의 일부로 바라본다. 러시아의 역사학자 윌리엄 포크룝킨은 보드카 소비를 통해 러시아의 문화 및 사회적 변화를 분석하면서 보드카의 역사를 썼다. 그는 사람들이 보드카를 올바른

보드카, 과자, 빵, 대화

방식으로 잘 조절해서 마시면 취기가 거의 없다고 주장한다. 그러나 남성 평균 수명의 예측 가능한 결과와 통계는 사뭇 암울하다. 전체 교통사고의 70%는 음주로 발생했고, 수천 명이 보드카 대용이나 부적절하게 증류된 술로 사망했다.

술을 마실 수 없다고 한다면 당신은 아마 믿을 수 없는 사람으로 의심받게 될 수도 있다. 만약 집주인의 마음을 상하지 않게 하면서도 취하지 않으려면 건강을 핑계로 삼는 게 가장 좋다. 약을 먹고 있다거나 알코올 알레르기가 있다고 말한다든지, 아니면 간이 이미 위험한 수준으로 부은 상태라 마실 수 있는 건 오직 허브차뿐이라고 말해보라. 그러면 당신이 술을 거절한 이유를 이해할 것이다. 하지만 당신은 그들에게서 많은 의학적 조언을 넘치게 듣게 될 것이다!

파티

러시아의 전통적인 환대 문화와 일 년 내내 끊이지 않는 축하 행사로 당신은 집이나 레스토랑에서 열리는 파티에 적어도 한 번쯤은 초대받을 수 있다.

러시아의 파티는 형태와 규모 면에서 가지각색이다. 간혹 예상치 못한 장소와 즉흥성으로 사람들을 매료시키곤 한다. 어느 영국 학생에게 보로네슈라는 도시에서 경험했던 파티는 따뜻한 기억으로 남아 있다. 3시

간에 걸친 러시아식 사우나인 반야로 포문을 연 파티는 뒤이어 2시간 동안 보드카 음주로 이어졌고 퍽 없이 스케이트 두 켤레와 4개의 스틱만으로 화끈하게 벌인 아이스하키 시합으로 정점을 찍었다.

러시아에서 초대장은 흔하지 않다. 러시아인의 삶에 스며든 즉흥성과 시시각각 변하는 상황이 장기간 계획을 세우는 일에 그다지 적합하지 않아서다. 전화로, 혹은 개인적으로 초대할 때 보통 3일이나 4일 전에 미리 알려주긴 하지만, 바로 다음 날에 있을 파티에 초대받는 일도 드문 일은 아니다.

【 커피 모닝 】

이는 서구인들이 알고 있는 커피 모닝이 아니다. "커피를 마시러 들르세요."(집에서) 또는 "커피를 마시러 나가요"(술집이나 카페에서)라는 제안은 다분히 즉흥적이며 단순히 대화를 나누기 위한 초대다. 하지만 만약 당신이 "잠깐 커피를 마시러 들르세요."라는 초대를 받는다면, 그 만남은 일종의 자기 성찰을 위한 시간이 될 가능성이 크고, 또 점심 시간까지 길게 이어질 수 있으므로 당신은 다소 피로감을 느낄 수도 있다. 그러므로 시간을 적절히 분배할 필요가 있다. 그리고 커피가 반드시 '커피'를 마시러 가는 게 아닐 수도 있다는 점에 유의하자.

【 차마시기 】

러시아는 차 마시는 전통이 강하다. 러시아에서 차는 설탕, 레
몬 조각, 잼, 쿠키, 사탕, 그리고 길고 편안한 대화를 곁들인 홍
차를 의미한다.

차는 16세기에 중국에서 러시아로 처음 들어와 인기를 얻
었고, 19세기에 이르러 귀족, 상인, 농민 등 모든 사람이 마시

딸기가 가득한 블리니를 곁들인 차

게 되었다. 크라스노다르와 조지아에 농장을 둔 소련의 차 산업은 세계에서 가장 큰 규모를 자랑했다. 오늘날 당신이 마시는 차(중국산 백엽차 또는 립톤 차)는 당신의 사회적 지위를 드러낼 것이다. 사모바르(러시아에서 차를 끓일 때 쓰는 주전자-역주)는 오래전에 전기 주전자로 대체되었지만, 러시아에서 차를 마시는 전통은 계속 이어지고 있다.

【 바비큐 】

러시아인들은 야외를 좋아하고, 바비큐(샤실리크)를 굽는 건 그

샤실리크, 국민 먹거리

들이 가장 좋아하는 활동 중 하나다. 분위기는 꽤 허물없고 편안할 것이다. 청바지와 티셔츠 차림을 떠올려 보라. 이런 바비큐 파티는 또한 러시아 남성들의 요리 실력을 관찰할 수 있는 드문 기회이다. 적포도주에 하룻밤 재워놓은 고기를 굽는 일은 순전히 남성들의 몫이다. "아무것도 가져오지 말고 몸만 오세요."라는 말을 듣게 되더라도 포도주 한 병 정도는 언제나 환영받을 것이다. 이런 파티는 여름 활동일까? 아니, 다시 생각해 보길. 당신에게 정말 행운이 따른다면 간혹 추운 날씨에 눈 덮인 숲에서 열리는 러시아의 겨울 바비큐 파티에 초대받을 수도 있을 테니까!

【 리셉션 및 뷔페 파티 】

20년 전만 해도 리셉션은 대다수 국민이 참석하지 않는 순수한 외교행사로 여겨졌다. 지금은 많은 러시아 기업들이 취임식이나 신제품을 출시할 때 리셉션을 개최하고 있으며 러시아인들 역시 빠르게 배워 나가고 있다. 그들은 이제 사람들 사이를 돌아다니며 어울리고 가벼운 농담을 주고받는다.

【 결혼식 피로연 】

러시아의 결혼식은 오래된 전통과 새로운 전통을 동시에 경험할 수 있으므로 참석하면 볼거리가 많을 것이다. 축하 행사는 도시 기념물 중 하나에 꽃을 내려놓는 것으로 시작한다. 이 의식은 결혼식이 끝난 후 '순례지'를 방문하는 러시아의 오래된 전통에 뿌리를 두고 있다. 무신론 국가였던 구소련 시절에는 레닌의 기념물과 무명용사의 무덤을 방문하는 것으로 대신했으나 시대가 바뀌면서, 예컨대 모스크바에서는 신혼부부가 붉은 광장이나 교회, 혹은 모스크바주립대학교 근처의 보로비요

해변에서의 결혼식, 상트페테르부르크

비 고리 언덕을 방문해 도시의 전경을 감상하기도 한다. 9월의 토요일에는 결혼을 축하하는 음악, 카메라, 샴페인이 어우러진 수십 개의 결혼 파티를 볼 수 있을 것이다.

일반적으로 타마다(대중 연설 행사의 진행을 담당하는 사람. 우리나라의 사회자 정도로 이해하면 무방하다-역주)가 결혼식을 주관한다. 그는 손님들을 초청하여 연설을 부탁하거나 심지어 노래를 요청하기도 한다. 더 나아가 농담을 던지거나 직접 시를 읊기도 한다. 러시아인들은 종종 결혼 피로연의 성공 여부는 타마다, 즉 사회자에게 달려 있다고 말한다. 또 다른 결혼식 전통으로는 샴페인이나 (재빨리 동전을 담을 수 있는) 돈 가방, 때로는 노래처럼 상징적인 몸값을 얻어내기 위해 신부를 훔치는 것 등이 있다. 그러니 호텔 엘리베이터에서 두 명의 경호원과 함께 있는 신부를 보고 깜짝 놀라지 마라. 그들은 단지 호텔 레스토랑에서 몸값을 요구하는 신랑에게서 그녀를 숨겨주고 있는 것뿐이다.

【 좌식 만찬 】

축하나 연회를 뜻하는 러시아어 자스톨리에는 문자 그대로 '테이블에서'로 번역할 수 있다. 보통 식사를 나누는 과정에서 우정이 싹트거나 비즈니스 거래가 성사된다. 좌식 만찬에 참석하려면 소개, 건배, 대화, 심지어 음식을 소비하는 방법에 이르기까지 폭넓은 이해와 연습을 요하는 기술이 필요하다. 더 많은 기술이 다음에 소개되어 있다.

초대

당신은 러시아 친구들과 그들의 집에서 저녁을 먹는다. 집주인이 문을 열자 바로 악수를 청하고, 안주인의 양볼에 입을 맞춘 뒤 그녀에게 네 송이의 노란 국화를 건넨다. 당신은 약간의 술을 마시고, 당신에게 한 그릇 더 권하는 음식을 정중하게 거절한 뒤 손님들이 부르는 노래 몇 곡을 감상하고 나서 집을 떠난다. 아마도 대단히 즐거운 저녁 시간을 보냈다고 생각한 당신은 집주인에게 나름 정성껏 쓴 '감사장'까지 전했을 것이다. 그런데 왜 다음 날 사무실에서 어제 당신을 집에 초대했던 그 동료가 당신을 피하는 것도 모자라 복도에서 마주쳐도 못 본 척하면서 얼굴을 찡그리는지 그야말로 미스터리가 아닐 수 없다. 당신이 미처 깨닫지 못한 것, 그것은 전날 당신의 행동이 러시아 가정에 초대받았을 때 반드시 지켜야 할 무언의 규칙을 위반했다는 점이다.

러시아인 집주인은 당신을 보고 반갑게 악수할 것이다. 하지만 문턱에서는 절대 안 된다! 이 미신을 무시하고 넘기면 안 된다. 아울러 문턱을 넘어 안으로 들어가 악수를 하기 전에는 장갑을 벗자. 악수는 의무가 아니다. 당신이 집주인과 잘 아는 사이라면 집주인이 당신을 끌어안을 수도 있다. 하지만 당황하지 않으려면 먼저 악수를 청하거나 포옹하지 말고 그저 집주인을 따라 하라. 그가 간단히 고개를 끄덕인다면 그걸로도 충분하다.

만약 당신이 친구의 아내를 잘 모른다면 포옹하거나 키스하지 마라. 그녀가 오랜 친구일 경우에만 한다. 여자나 아이의 이마에도 키스하면 안 된다. 이건 장례식 때 하는 행동이다.

러시아인들은 집을 깨끗하게 유지하기 위해 항상 신발을 벗고 슬리퍼로 갈아 신기 때문에 집주인은 당신도 신발을 벗을 것으로 기대한다. 특히 겨울에는 슬리퍼 한 켤레를 받을 가능성이 크므로 남 앞에 내놓아도 보기 흉하지 않은 양말을 신는 게 좋겠다.

【 선물 】

만약 당신이 방문 중인 가족 중에 아이들이 있다면, 그들은 당신에게 무언가 달콤한 것을 기대할 수도 있다. 당신은 집주인에게 포도주 한 병이나 위스키를 선물로 가져다줄 수도 있다. 수입 술은 가격이 만만치 않으니 스카치나 아이리시 위스키 한 병 정도면 무척 고마워할 것이다.

만약 당신이 전혀 술을 못 마시는 사람이라면 마음을 끄는 좋은 차를 마시는 게 더 낫다. 외국에서 온 손님으로서 이국적인 선물을 준비하지 못했다면 아예 아무것도 가져가지 않는 게 나을 것이다.

【 꽃으로 말하라 】

여주인에게 가져다주는 꽃송이 개수, 색깔, 종류 등에 관한 한 오차 범위는 없다. 꽃은 생일 파티에 가져가기도 하고, 데이트할 때 연인에게 주기도 하며, 새 학기 첫날과 마지막 날에 선생님들께 선물로 주기도 한다. 더불어 꽃은 정치와 관련된 기념 행사 일부가 되기도 하고, 참전용사들을 기리는 한 방법이 된다. 공항에서 상봉할 때는 기쁨의 표시, 장례식에서는 상실과 슬픔의 상징이다. 2월에는 봄이 다가왔다는 표시로 눈풀꽃과 제비꽃이 길거리에서 흔하게 팔린다. 꽃다발을 고를 수 있는 장소는 전혀 부족하지 않다. 러시아에 있는 도시의 거리 모퉁이마다 꽃집이 있다.

생일 파티에 가면 3개, 7개, 9개처럼 홀수 송이로 꽃을 준비하라. 9개 이상의 꽃은 진지한 낭만적 감정과 의도를 보여준다. 하지만 이때도 주의할 것이 있다. 만약 당신이 돈을 아끼지 않고 생일을 맞은 여성에게 나이와 똑같은 개수의 꽃송이를 선물하고 싶다고 해도 숫자를 홀수로 만들기 위해서 꽃을 빼거나 추가해야 할 것이다. 국제 여성의 날인 3월 8일에 여자 친구에게 꽃다발을 선물하지 않는 건 치명적인 죄악으로 여겨진다.

이별을 의미하는 노란 꽃 외에도 붉은 꽃과 흰 꽃 모두 그 나름의 의미를 지니고 있다. 흰색은 순수의 상징으로 결혼식에 적합한 데 비해 붉은 꽃(특히 카네이션)은 승리와 애국심의 상징으로 정치적 함축성 역시 담겨 있다. 붉은 카네이션은 기념일에 한 남자에게, 또는 참전용사에게 선물할 수도 있다. 구소련 시대에는 붉은 카네이션 없이 그 어떤 퍼레이드나 엄숙한 정치 관련 의식도 치르지 않았다.

마침내 당신은 인사 단계를 통과했고, 선물과 꽃을 선물하고, 슬리퍼로 갈아 신었다. 러시아 파티에서는 식전주나 식전 음료가 흔하지 않기 때문에 당신은 곧장 식당으로 안내받게 될 것이다. 식탁은 당신이 먹을 수 있는 것보다 훨씬 많은 음식으로 가득 차려 있을 것이다. 이 음식은 단지 전채요리일 뿐이다. 말 그대로 주요 식사의 전채요리인 자쿠스키이므로 다양한 샐러드, 피클, 냉육이 포함되어 있을 것이다. 보통 알아서 맘껏

주요 행사 전 자쿠스키 셀렉션

먹는다. 접시에 담았다면 가급적 먹는 게 좋다.

러시아의 가정주부는 손님들이 음식을 계속 가져다 먹지 않으면 그들이 만족스러워하지 않는다고 생각한다. 초대한 손님들을 배불리 먹여 대접하는 건 민족적 전통이므로 음식을 거절한다면 무례하게 비쳐질 수도 있다.

마침내 디저트를 곁들여 차나 커피를 내오는 시점에 이르면 당신은 숨 쉬기도 힘들 지경이 될 것이다. 또한 떠나기 전에는 집주인과 우정, 그리고 안주인의 요리 솜씨를 위해 건배를 청하는 게 바람직하다. 저녁이 순조롭게 잘 흘러가면 당신은 그들이 부르는 노래를 같이 부르자는 청을 받게 될 수도 있는데, 비록 단어를 잘 모르더라도 적극적으로 콧노래를 부르거나 손뼉을 쳐주면 그 효과는 상당할 것이다.

【 축배 】

러시아인들은 축배의 잔을 높이 드는 데 열광한다. 연이은 축사가 없는 파티는 축하 파티가 아니다. 건배를 하는 데에도 엄격한 규칙이 따른다. 행사나 모임의 주최자가 보통 손님을 맞아 첫 번째 건배를 한다. 두 번째 건배는 보통 생일이나 기념일, 또는 회사 연회에서 친목을 다지기 위한 목적으로 이루어진다. 세 번째 건배는 전통적으로 여성들을 위해 할애한다. 건배를 위해 남성들은 일어서서 술잔을 밑바닥까지 다 비우는 것이 예의다. '자 즈로로비에'(건강을 위하여)는 가장 짧고 인기 있는 러시아의 건배사다. 마지막 건배사인 '나 포사쇼크'는 '지팡이에 의지해 간다'란 뜻이다.

【 주방 대화 】

주방에서 같이 음식을 먹자는 청을 받으면 당신이 친한 친구로 받아들여졌음을 의미한다. 이는 친구가 집에 불쑥 찾아오면 그때그때 냉장고 안에 든 음식과 음료 한두 병을 꺼내 함께 먹었던 구소련 시대의 문화에서 유래했다. 대화는 즉흥적이고 활기차다. 모든 사람이 당의 업적을 찬양하며 같은 생각, 또 같은 말을 할 수밖에 없었던 공산정권 시절에는 주방에 가서야 비로소 좀 더 거리낌 없는 대화를 주고받을 수 있었다. 주방 대화는 더 친밀한 분위기를 형성했고, 사람들은 주방이 도청당할 가능성이 더 작다고 믿었다. 파티가 다른 방에서 시작되었더라도 대개는 최상의 대화를 나누어야 할 부엌에서 끝이 난다.

쓰지 말고 말로 전하라!

만약 당신이 러시아인 친구에게 "감사합니다."라고 쓰인 카드를 건넨다면, 그들은 놀라거나 최악의 경우 의아해할지도 모른다. '멋진 동료와 맛있는 음식'에 대해 읽노라면 정말 모든 게 괜찮은지 궁금해질 것이다. 카드는 형식적인 느낌을 주지만 요리를 준비한 안주인의 노력과 집주인의 유창한 말솜씨에 대한 칭찬은 다음 날 반드시 말로 전해줄 만한 가치가 있다.

비록 러시아의 파티 전통이 음식과 술 소비, 다소 오글거리는 듯한 감정 표현 등 여러모로 과하다는 생각이 들지도 모르겠다. 하지만 그것은 문화의 필수 요소이자 유대감 및 사회화, 그리고 삶에서 맺어진 우정의 필수 요소다.

외국인과 데이트하기

남성을 위해 데이트 조언을 하자면 러시아 여성에게 데이트 신청을 하게 되면 일반적으로 식사 비용을 부담하는 게 좋다. 러시아 남성은 종종 데이트 때 꽃을 가져오거나 때로는 다른 작은 선물을 준비하기도 한다. 문을 열어주거나 의자를 뒤로 빼주는 것처럼 신사적인 행동은 일반적으로 높이 평가된다. 여성의 경우에는 지갑을 꺼내지 말라는 말을 자주 듣게 될 것이다.

'전통적 가치'를 존중한다는 것이 러시아의 공식적인 방침이지만 러시아인들은 성에 대해 비교적 열려 있다. 세계의 여러 다른 지역과 마찬가지로 데이트 앱이 널리 보급되고 있으며 인기가 높다. 피임약은 약국과 상점에서 구할 수 있으며 사용이 적극적으로 권장된다.

05

/

일상생활

서양의 아이들이 스스로 삶의 현실에 직면하게끔 길러지고 자라서 독립한다면, 러시아의 아이들은 어려운 시기에 가족이 자신을 부양하고 지켜주리라는 것을 알면서 성장한다. 그러나 이러한 가족의 지원은 공짜가 아니다. 부모들은 흔히 자식들이 결혼한 후에도 성인이 된 자녀들의 삶에 간섭하려고 한다.

"러시아인들이 왜 거리에서 미소 짓지 않는지 이제 알았어요."
라고 모스크바를 다녀온 후 한 영국 관광객이 말했다. "모두가
임무를 수행하고 있더군요. 그들은 자신이 해야 할 일에 온전
히 집중하고 있었어요."

비록 빵을 배급받기 위한 긴 줄은 오래전에 사라졌지만 겨
울 서리는 여전하고 교통체증은 잔인할 정도다. 이 나라의 열
악한 도로 사정은 사람들이 직장에 출근하고, 아이들을 학교
에 데려다주고, 쇼핑하는 일상 하나하나를 마치 완수해야 할
임무인 양 만들어 놓았다.

【 근무일 】

일반적인 근무일은 오전 9시에 시작해 오후 6시에 끝난다. 민
간기업은 오전 8시에 이른 회의를 열고 야근을 하는 게 일반
적이지만 일부 사업장은 오전 10시가 돼서야 시작하는 때도
있다. 따라서 회의 참석을 계획하고 있다면, 방문 중인 회사의
근무 시간을 먼저 알아보는 게 좋다.

점심시간은 오후 1시에서 2시 사이가 대부분이지만 사무
실에 따라 그보다 한 시간 더 늦을 수도 있다. 러시아 회사 구
내식당의 음식은 매우 다채로우며 보르슈치borscht(러시아나 우크라

이나 등 동유럽에서 즐기는 비트 섞인 수프-역주)와 같은 이들의 주식을 기대해 볼 수 있다. 대부분의 식당과 카페에서는 보통 수프, 샌드위치, 따뜻한 음료로 구성된 '비즈니스 점심'을 할인된 가격에 제공한다.

가정생활

소련 시절에는 남편과 아내 모두 일해야 가정을 이끌어 갈 수 있었다. 하지만 오늘날 전업주부는 흔히 높은 사회적 신분의 상징이다. 그만큼 남편의 수입이 높다는 것을 의미하기 때문이다. 가사 노동에 대한 인건비가 저렴해지면서 대도시에는 보모와 가정부 수요가 많다. 외국인 보모들은 특히나 귀한 대접을 받는다. 부유한 러시아 가정들은 자녀들을 2개 언어로 양육할 수 있다면 돈을 아낌없이 쓰는 편이다.

부모들은 아이들을 조건 없이 사랑하고, 가끔은 과하게 옷을 차려 입히거나 많이 먹인다. "뛰지 마. 땀 흘리고 나면 감기에 걸려."라는 말은 운동장에서 듣는 가장 흔한 말이다. 아이들은 추운 날씨에도 눈밭에서 뛰어노는 건 허락을 받는 편이

지만 (물론 엄청 따뜻하게 껴입고서) 비가 조금만 내려도 부모들은 아이들이 감기에 걸릴까 봐 노심초사하면서 밖에 내보내지 않으려고 한다. 아이들은 엄격한 가정교육을 받는다. 훈육하는 동안 부모들은 자녀들에게 거의 선택의 여지를 남기지 않는다. 아이들은 부모님 말씀을 잘 들어야 한다는 가르침을 받으며 자라지만, 동시에 부모의 무한한 사랑을 받는다. 당신은 공공장소에서 1분여간 아이들에게 소리를 지르고 곧장 자녀들에게 뽀뽀 세례를 퍼부어주는 엄마의 모습을 심심치 않게 볼 수 있을 것이다.

많은 젊은이가 대학을 졸업한 이후에도 부모님과 함께 살고 있고, 때때로 부모 역시 여력이 된다면 자녀들을 30대까지 경제적으로 지원해준다. 서양의 아이들이 스스로 삶의 현실에 직면하게끔 길러지고 자라서 독립한다면, 러시아의 아이들은 어려운 시기에 가족이 자신을 부양하고 지켜주리라는 것을 알면서 성장한다. 그러나 이러한 가족의 지원은 공짜가 아니다. 부모들은 흔히 자식들이 결혼한 후에도 성인이 된 자녀들의 삶에 간섭하려고 한다. 따라서 아들이나 딸의 배우자 선택이 불만스럽다면 당연히 그들의 심기를 드러내는 게 당연하다고 생각한다. 아주 흔한 이야기는 "그 부부는 매우 행복했어요. 하지만 시댁 식구들의 간섭에 시달리다가 지금은 이혼했답니다."

오늘날 한 지붕 아래 3세대가 모여 사는 일은 예전만큼 흔하지 않지만, 집단 이주와 임대 숙박시설의 이용이 쉬워지면서 노인정보다는 가족 단위 내에서 노인을 돌보는 것이 여전히 일반적이다. 특히 할머니들은 부모가 직장에 있는 동안 손자 손녀를 돌보는 데 많은 시간을 할애한다.

> **• 늘어나는 가족 •**
>
> 이리나는 남편에게 "여보, 우린 곧 셋이 될 거야."라고 말한다.
>
> "정말 기뻐!" 남편이 입을 맞추며 소리친다.
>
> "그럴 줄 알았어." 아내가 대답한다.
>
> "다음 달에 엄마가 우리 집에 이사 오실 거야."

일상생활

【 가족 식사 】

아침 식사는 뜨거운 포리지(잘게 빻은 오트밀, 곡물 등에 물이나 우유를 부어 끓인 죽 요리-역주), 혹은 어린아이들에게는 메밀 카샤(동유럽에서 즐겨 먹는 메밀가루로 쑨 죽-역주)나 세몰리나(듀럼 밀을 밀가루보다 크게 파쇄한 알갱이. 파스타나 푸딩의 원료-역주) 푸딩, 오믈렛, 소시지 또는 치즈 샌드위치로 구성된다. 점심 시간에는 수프가 필수로 나오고, 사무실이나 학교에서 먹을 수 없더라도 집에서 본격적인 저녁 식사 전에 으레 내놓는다. "자, 뭐 좀 먹어라/드세요."라는 말은 학교에서 집으로 돌아오는 아이들, 직장에서 돌

아오는 남편, 또는 집에 방문한 할머니에게 건네는 첫 인사말
이다.

【 일상 쇼핑 】

식품 구매가 가족의 예산에서 중요한 부분을 차지한다는 건
전혀 놀라운 일이 아니다. 슈퍼마켓은 아침 일찍 문을 열고 일
부는 밤새 문을 연다. 대부분은 일요일에도 문을 닫지 않는다.
일부는 점심 1시간 동안 문을 닫는다. 개인이 운영하는 골목 가
게들은 오후 11시까지, 심지어 24시간 문을 여는 곳들도 많다.

구소련 시절의 텅 빈 식품 매대는 이제 흘러간 옛노래다. 오
늘날 진열대에는 여러 줄의 통조림 생선들이 길게 늘어서 있
다. 러시아인들은 틈나는 대로 쇼핑하는 편이고, 일주일에 서
너 번씩 유제품, 빵, 소시지, 햄을 구매한다. 보편적으로 마시
는 우유와 요거트 말고도 일부 유제품은 의심할 여지 없는 러
시아산이다. 예를 들어 시큼한 우유의 다른 버전인 프로스토
크바샤(요거트와 비슷한 종류), 잼이나 견과류로 속을 꽉 채워 초콜
릿으로 감싼 작은 코티지 치즈(탈지유로 만든 작은 알갱이가 들어 있는
희고 말랑말랑한 치즈-역주)와 같은 시르키가 있다.

맥도날드에 대한 러시아의 대응은 많은 종류의 미리 요리

된 이른바 조제 식품의 판매로 나타난다. 요즘 가정식 샐러드, 피클, 튀긴 생선, 구운 고기, 러시아식 만두인 펠메니로 가득 채워진 델리 매장이 큰 인기를 끌고 있다.

심지어 대형 슈퍼마켓에서조차 유제품, 고기, 다른 신선 식품처럼 유럽과 미국산 제품을 찾아보기 힘들다. 이러한 수입 품목에 대한 러시아의 역제재 덕분에 러시아는 이들 제품군을 자국 내 생산으로 대체하려고 노력해 왔으며 다소 엇갈린 성공을 거두었다.

예를 들어 모스크바에서는 영국의 막스&스펜서, 프랑스의 오샹과 같은 세계적인 거대기업의 지점뿐만 아니라 러시아의 여러 경쟁업체도 발견할 수 있을 것이다. 아즈부카 브쿠사는 상류층을 겨냥한 슈퍼마켓 체인으로 엄선된 신선 식품과 수입 제품을 선보인다. 하지만 주의하라. 이 체인은 구미가 당기는 제품들로 당신을 사로잡겠지만, 어느새 지갑이 탈탈 털리고 말 것이다!

【 리노크, 야르마르카 외 】

러시아 음식 쇼핑은 푸드마켓인 리노크를 방문하지 않고는 끝마쳤다고 말할 수 없다. 이곳의 음식은 보통 가게보다 더 비싸지만 더 신선하고 품질은 거의 최상급으로 여겨진다. 채소와 과일에서부터 유기농 달걀과 꿀에 이르기까지 거의 모든 것을 살 수 있다. 리노크는 가끔 의류 시장인 바라홀카로 둘러싸이는데 해외 유명 브랜드의 터키와 중국산 모조품을 저렴한 가격에 팔고 있다.

러시아 전통 박람회인 야마르카에 대한 아이디어도 되살아 났다. 수많은 종교 행사 기간, 과일, 케이크, 소시지, 그리고 음료를 파는 임시 노점들이 공공장소에 세워진다.

추바시아, 로고즈에 위치한 시장에 있는 허브와 향신료

러시아의 많은 도시에 있는 지하철이나 철도역 출구 밖에는 푸드 키오스크가 있는데, 많은 사람이 하루에 24시간 일하며 다양한 스낵을 제공한다. 당신은 그들이 어떻게 그토록 좁은 공간에 모두 들어가 있는지 무척 궁금할 것이다. 수도에 있는 키오스크는 대부분 정부 합동 캠페인으로 치워졌고, 2016년 특별히 분주했던 어느 날 밤, 모스크바 사람들이 소위 '긴 삽을 휘두른 밤'이라고 명명한 곳에서 수십 개의 키오스크가 철거되었다.

러시아의 다른 도시들은 모스크바주 정부의 열의가 미치지 않았다. 따라서 지하에 내려가 보지 않는다면 러시아의 쇼핑 방식을 완전히 경험하지 못할 것이다. 말 그대로다. 잘 발달한 지하철 망과 수많은 보행자 지하도는 지하 공간을 살아 숨쉬게 했다. 계단을 내려가다 보면 갑자기 뮤지션, 꽃과 신문 가판대, 먹거리 노점상, 비디오 가게가 즐비한 세상을 맞닥트리게 된다. 물론 그 이유 중 하나는 날씨 때문이다. 노점상들은 겨울에 그곳에서 더 행복감을 느낀다.

주택과 주거환경

러시아의 대도시에 가까워지면 당신은 9층부터 12층 높이의 아파트 단지인 '기숙사'란 의미의 스팔니 라이온에 이끌리게 될지도 모른다. 이는 시에서 관리하는 중앙난방 시스템이 한 블록, 또는 여러 블록 간에 공유되는 국유 아파트로 건설되었으나 현재 민영화가 진행되고 되고 있다. 하지만 그런 아파트를 살 수 있는 사람은 많지 않다. 러시아인들은 아파트를 설명할 때 침실이 아닌 방의 개수를 센다. 아파트 대부분은 방이 2개에서 4개 정도 딸려 있다. 러시아인들은 가능하면 아파트 1층과 꼭대기 층을 피하는 경향이 있다. 이는 값이 덜 나가는 것

소련 시절 '흐루쇼프 주택'이 고급 민간 아파트 단지로 바뀌면서 주민들의 반발이 일고 있다.

• 도시의 삶 •

한 미국인이 그의 뉴욕 아파트를 러시아인에게 묘사했다.

"나는 거실에 침실, 서재, 그리고 아이들 방이 있어. 네 아파트는 어때, 바실리?"

1인용 아파트를 소유하고 있던 러시아인은 이렇게 대답했다. "우리 아파트도 구조는 비슷해. 내부에 벽이 없다는 것만 빼면."

으로 보이기 때문이다.

러시아인들 대부분이 그 같은 아파트에서 다차로 탈출할 수 있다. 시골집으로 번역되는 다차는 사실 그 이상의 의미를 품고 있다. 그것은 러시아인들의 생활방식에서 빼놓을 수 없는 중요한 부분을 차지하기 때문이다.

【다차】

다차는 러시아 문학, 특히 낭만적인 19세기 소설 속에서 두드러진다. 도시 거주자들은 과수원이 딸린 새하얀 저택에서 아련한 여름을 보내며, 레이스로 된 양산 아래서 한가로이 거닐고 있는 여성들, 차를 마시며 열띤 정치 토론을 벌이는 남성들이 등장한다. 혁명 이후의 공동 다차, 즉 '똑같이 가난한' 사람들을 위한 제도에 의해 창안된 특전은 이후에 등장했다. 국가가 공장이나 연구소에 토지 일부를 할당하면 그 구획을 어떻게 배분하느냐의 문제는 관리자들의 몫이었다. 이와 같은 토지 분배의 결과로 많은 러시아인이 돈을 지급하지 않고도 효과적으로 자신들의 다차를 소유할 수 있었다. 다차는 주말 휴식을 위한 장소였고, 사람들은 잠시나마 농민의 뿌리로 돌아갈 수 있었으며, 실제로 소련 체제가 허용한 유일한 사유재산

권을 행사할 수 있는 공간이었다.

다차는 허름한 오두막과 3층짜리 벽돌 맨션 사이의 극복하기 힘든 차이를 무릅쓰고 모든 계급을 하나로 통합한다. 장미 덤불과 딸기, 서리에 강한 씨앗, 현재 유행하는 해충에 대한 국민적 집착은 영국인의 정원 가꾸기를 향한 사랑에 비유되곤 한다. 러시아 다차 소유주인 옐레나는 이렇게 말했다. "다차의 부름은 다른 그 어떤 것과도 달라요. 그건 보드카, 철갑상어알, 관료주의만큼이나 러시아적이죠. 저는 40년 전에 지어진 화장실이 있는 그곳에 끌리고 있습니다. 모래를 퍼내고, 자갈이 가득 담긴 트럭들을 내리고 나면 결국엔 지쳐 죽을 지경이 되어 문명의 결핍을 심술궂게 저주하다가도 이내 옳은 일을 한 것 같아 우쭐해진 기분을 느낀답니다."

여가 활동

러시아인들은 스포츠에 직접 참여하기보다는 경기를 보고 얘기 나누는 것을 더 좋아하지만, 남자들은 때로 몸의 탄력을 유지하기 위해 주말에 모여 축구나 배구 시합을 하기도 한다. 당구는 러시아인이나 미국인 사업가 모두에게 사회적으로 지위에 걸맞은 취미로 여겨지고 있다. 러시아식 당구는 한 가지 색깔의 공을 가지고 경기를 치르며 코너 각이 훨씬 더 작다. 그 밖에 러시아 사람들이 가장 좋아하는 주말 활동에는 카드놀이가 있다. 사실상 모든 사람이 해변에서 카드놀이를 즐긴다. 남자들은 이따금 밤새 포커판을 벌이기도 하는데 아내들의 따가운 눈총을 감내해야 한다.

교육

러시아는 교육의 주요 원칙이 '집단 발전'이었던 엄격한 소련의 교육제도를 계승하여 칭찬보다는 처벌이 더 빈번했다. 과학이 주요 과목이었던 만큼 인문학적 목표에서 자유로운 사고는 환영받지 못하였다. 러시아 사회에 불어닥쳤던 페레스트로이카 (개혁)는 전체 교육 시스템의 민주화를 이끌었다.

【 유아원과 유치원 】

구소련 체제의 자랑스러운 업적이라고 할 수 있는 무상 보육 제도는 여전히 존재하지만, 터무니없이 많은 돈을 써서라도 자녀들이 최상의 출발을 할 수 있기를 바라는 부모들이 많아지면서 사립 유아원이나 유치원이 급증하고 있다. 대도시에서는 3개 언어를 사용하며 상상할 수 있는 가장 색다른 과외 활동을 제공하는 유치원 광고를 심심치 않게 볼 수 있다. 교육부가 정한 교육 원칙은 다양한 교육 개발 프로그램으로 대체되었다. 몬테소리와 월도프 시스템, 이를테면 '감정 성장 프로그램,' '나를 찾는 길,' '친구 사귀기', 그리고 심지어는 '젊은 지도자 프로그램' 같은 것도 있다. 이러한 조기 훈련 과정을 통해 대다수의 러시아 학생들이 관리자를 희망한다는 사실은 전혀 놀라운 일이 아니다.

【 중등교육 】

초등학교 교육은 6~7세에 시작한다. 학교 과정은 유럽과 미국의 12학년에 비해 11년간 지속된다. 이는 학령기 아이들에게 과도한 부담을 주는 심각한 문제를 일으킨다. 6세에서 9세까

많은 교육적인 역사 공원 중 하나에서 열리고 있는 '러시아: 나의 역사' 전시회에 참석한 초등학생들

지의 아이들은 하루에 10시간에서 12시간의 교육을 받는다. 나아가 좀 더 학년이 높은 아이들은 16시간까지 교육을 받는다. 러시아 아이들은 방과 후에도 보통 스포츠를 하거나, 무술을 배우거나, 악기를 배우기 때문에 하루가 바쁘게 돌아간다. 대부분의 러시아 학생들은 중등학교를 마칠 무렵 국가시험을 치른다. 그리고 이 결과에 따라 어디에 가야 할지, 대학에서 어떤 과목을 공부할지를 결정한다. 일류 대학에 입학하기 위한 경쟁은 치열하고, 슬프게도 부정행위도 종종 있다.

【 고등교육 】

전통적으로 러시아 대학의 학위 과정은 5년이다. 대학원 과정은 2년이며 추후 박사 과정을 밟을 수도 있다. 소련의 무상 대학 제도는 사라지고 있다. 89%의 부모들이 자녀의 대학 교육에 기꺼이 돈을 대고 있으며, 사립 교육기관이 끊임없이 늘어나고 있다.

의료 서비스

의료 서비스를 개혁하려는 시도가 여러 차례 있었지만 수많은 의료 관행이 소련 시절과 크게 변함없이 유지되고 있다. 지리적으로 넓은 지역에 서비스를 제공하는 종합 외래진료소는 1차 진료체계의 핵심이며, 16세 미만의 어린이를 위한 별도의 진료소도 마련되어 있다.

의료체계의 위기는 수년 동안 계속되고 있다. 국가 보조금이 감소하면서 러시아의 거대한 의료체계는 새로운 장비와 연구를 위한 자금이 부족한 실정이다. 대도시에는 서구식 사립병원과 클리닉이 들어섰지만 의료비 부담이 크다.

징병제

전통적으로 러시아에서 군대는 명예로운 직업이었다. 장교 가문의 군사 왕조가 있었다. 그러나 군인들의 상황은 항상 달랐다. 러시아군은 징병에 기반하고 있으며, 18세의 징집병은 2008년부터 1년간 복무해야 하는데, 2년에서 1년이 줄어든 것

이다. 전문 부대는 특수부대와 전투 지역에서 운용된다.

그러나 많은 어머니는 아들의 징집을 확인하는 문서인 파베슷카를 마치 법원의 판결문처럼 두려워한다. 특히 그들은 선임병들의 괴롭힘과 구타, 때로는 젊은 군인들을 죽음으로 내몰거나 자살의 원인이 되곤 하는 데도브시나(러시아군 내에 존재하는 구타와 가혹행위, 일명 신병 길들이기-역주)를 가장 무서워한다. 해외 전투에 투입될 가능성이 있다는 점도 우려의 대상이다. 젊은 남성들이 대학 공부를 연장하거나, 질병이 있는 것처럼 꾸미거나, 혹은 뇌물을 주는 등 온갖 방법을 동원해서라도 군 복무를 피하려고 하는 이 같은 현상은 러시아에서는 흔히 볼 수 있는 일이다.

06

여가생활

러시아의 극장은 전통적이면서도 혁신적인 방식으로 러시아의 정신을 드러내며 번성하고 있다. 모스크바의 예술극장 MHAT부터 불과 몇 줄의 좌석이 있는 지하 스튜디오에 이르기까지 러시아의 모든 극장은 열성적인 관객들로 꽉 들어찬다. 규모가 크고 꽤 잘 알려진 극장의 공연 티켓은 비쌀 수도 있지만, 규모가 작고 덜 알려진 극장의 경우에는 종종 놀라우리만치 저렴하다. 러시아에서 문화생활을 즐기는 데에는 큰돈이 필요하지 않다.

러시아인들이 비록 집에 있는 걸 좋아하긴 하지만 (러시아 이케아 매장에서는 소파와 슬리퍼가 가장 잘 팔린다), 일단 외출하기로 마음만 먹는다면 할 일은 많다. 박물관과 극장, 볼거리와 클럽, 콘서트 및 하이킹 등 다양한 선택지가 가능하다. 러시아어에 '문화적 갈망'이라는 표현이 있다. 때때로 새 그림 전시회나 새로 무대에 오른 작품을 보기 위해 늘어선 줄은 그야말로 해롯 백화점 (런던 킹스브리지에 있는 영국 최대의 백화점-역주) 세일 때 런던에 서 있는 줄보다 더 길다. 관심사뿐만 아니라 당신의 지갑 사정에도 잘 맞는 오락거리는 얼마든지 찾을 수 있다.

외식

오늘날 러시아 식당들은 한결같은 메뉴에 차가운 수프를 제공하던 예전의 그 오래되고 단조롭던 식당들과는 한참 멀어졌다. 페레스트로이카(개혁) 이후 민간기업의 첫 번째 시도로 식당들이 문을 열기 시작했고, 이제 점차 양에서 질로 바뀌고 있다. 당신은 초밥부터 샤와르마(레바논 음식으로 터키의 케밥과 비슷하다-역주)에 이르기까지 거의 모든 음식을 찾을 수 있다.

러시아의 화려함을 시도해보는 것이 목표고, 돈은 중요하지 않다면 호화로운 장식과 초현실적, 퇴폐적 분위기를 자랑하는 모스크바의 '투란도트' 레스토랑에 들러보라. 중국 음식이 도자기 접시에 담겨 18세기 스타일의 드레스를 입고 레스토랑 안을 누비는 인형 같은 웨이트리스의 손에 서빙된다.

당신의 지갑이 좀 더 얇다면 저렴한 무-무 체인에서 뷔페에 내놓은 자쿠스키와 함께 제법 잘 먹을 수 있다. 혹은 차이하나 체인 중 한 곳에서 물담배인 깔리얀(후카)을 물고 느긋하게 즐길 수도 있다. 조지아 음식은 러시아에서도 매우 인기가 높다. 절대 놓쳐서는 안 된다. 달걀이 들어간 '하차푸리' 빵, '로비오' 콩 스튜, 조지아식 만두인 '힌깔리'를 먹어보자.

러시아의 식단은 전통적으로 기후에 따라 결정되는데, 여름에는 버섯과 딸기류, 겨울에는 절이거나 보존된 채소, 점심에는 뜨거운 국물, 그리고 천천히 섭취하는 탄수화물인 포리지 죽, 메밀, 호밀빵 등이 에너지를 준다.

그럼 전형적인 러시아 식당에서 철갑상어알과 블리니 말고도 당신이 먹을 만한 음식에는 무엇이 있을까? 보드카의 날카로움을 상쇄하는 각종 피클, 전통적으로 시베리아에서 대량으로 만들어 얼려 (바깥에서, 자연적으로!) 겨우내 보관하는 고기만

펠미니(왼쪽), 피로시키(오른쪽)

두인 펠미니를 맛볼 수 있을 것이다. 물론 러시아에는 1860년
대 모스크바의 에르미타주 레스토랑에서 만들어 프랑스 요리
사의 이름을 딴 살라데 올리비예란 이름의 러시아 샐러드가
있다. 비네그레뜨 드레싱을 원한다면 신중해야 한다. 삶은 비
트, 당근, 양파, 완두콩, 오이 피클, 그리고 감자를 혼합한 명실

· 팁 ·

팁은 개인적인 재량이다. '신러시아인'은 사치스러운 경향이 있다. 외국인으로
서 서비스가 만족스러웠다면 10%의 팁을 줄 수 있다.

공히 채식주의자의 꿈이라고 부르는 인기 샐러드 비네그레뜨로 끝나 버릴 수도 있으니 말이다! 피로시키는 갖가지 재료로 속을 꽉 채운 파이로 인기 있는 길거리 간식이다. 다른 소비에트공화국에서 전해 내려온 요리들도 인기가 많다. 조지아식 샤실리크 구이, 우크라이나식 보르슈치 수프, 양고기가 들어간 밥이나 양파와 향신료를 곁들여 천천히 익힌 밥과 같은 우즈베키스탄식 필라프 등이 있다.

만약 보드카만이 러시아의 유명한 술이라고 생각한다면 다시 한 번 생각해보길 바란다. 호밀빵으로 만든 발효주인 크바

• 특별한 메뉴가 있는 곳 •

러시아 작가 조지프 브로드스키는 뉴욕에서 친구인 로만 카플란이 러시아식 사모바르 레스토랑의 개업을 준비할 당시 옆에서 그를 돕고 있었다. 브로드스키는 '많은 이들을 위한 펠미니', '절대 후회 없을 비네그레뜨', '당신이 충분히 강하지 않다면 쇠고기 스트로가노프', '러시아 청어는 절대 실패하지 않습니다'와 같은 특별한 메뉴를 생각해냈다. 그 식당의 인기는 치솟았고, 30년이 지난 지금도 같은 음식을 주문할 수 있다.

스, 베리류 열매, 설탕, 옥수수 전분으로 만든 키셀, 크랜베리 모르스, 과일 콩포트 등 흥미롭고도 훨씬 더 부드러운 대안이 많이 있다.

밤 문화

만약 이렇게 먹고 마시고 난 후에도 더 활기찬 밤을 즐기고 싶다면 러시아의 밤 문화는 많은 기회를 제공한다. 영국 배우 사이먼 캘로우는 러시아의 밤을 화려하게 밝히는 네온 불빛을 '키릴 문자가 수놓인 라스베이거스'라고 묘사했다.

보드카 바와 칵테일 라운지에서 스트립 클럽, 특정 주제의 분위기를 살린 디스코, 그리고 구소련의 빨간색과 흰색 포스터에 쓰여 있던 선전 문구와는 전혀 다른 가치를 장려하는 프로파간다와 같은 클럽들에 이르기까지 선택의 폭은 넓다. 열심히 찾아보면 게이 바나 클럽도 찾을 수 있다. 만약 당신이 그중 하나를 선택한다면 아주 흔한 '얼굴 통제(그리스나 러시아 및 과거 소비에트연방국가에서 흔히 볼 수 있는 출입 제한으로 개인의 외모, 돈, 스타일 등을 기준으로 즉각적인 판단을 통해 입장을 통제하는 고급 나이트클럽의 정책-역주)를 통해 몇 가지 질문을 받게 되길 기대해보자. 그들은 당신이 들어갈 장소에 대해 어느 정도 인지하고 있는지 확인할 것이다. 모스크바의 상류층을 대상으로 한 고급 나이트클럽 중 한 곳에 가려면 입장 통제가 매우 엄격할 수 있으므로 멋지게 차려입는 게 좋다.

러시아에서 도박은 4개의 지역적 영역에서만 합법이고, 2009년부터 러시아의 다른 모든 지역에서는 불법이다. 4개의 예외 지역은 알타이, 크라스노다르, 칼리닌그라드, 프리모르스키(연해주) 변경주이다.

예술

"우리 러시아인들은 영혼에 양식을 주어야 합니다." 최근 한 미술품 수집가가 한 말이다. 러시아 국제 미술품 경매는 기록적인 낙찰을 끌어내곤 하는데, 대부분은 러시아 개인 수집가나 미술관의 구매를 통한 것이다.

네덜란드 회화에 관심이 있다면 상트페테르부르크에 있는 웅장한 에르미타주 미술관에 보물 같은 러시아의 미술품들을 포함한 은화 및 인상파 회화와 함께 세계 최대의 컬렉션이 있다. 안내서에 따르면 3년 동안 매일 방문해야 모든 전시품을 볼 수 있다.

로스차일드가의 파베르제의 달걀

모스크바의 트레티야코프 미술관과 푸시킨 미술관은 독특한 러시아 미술품들을 전시한다. 금 공예품과 갑옷, 국가의 상징물, 필사본 등을 감상하며 이 나라의 역사를 보고 싶다면 크렘린 박물관을 둘러보라. 크렘린 성벽 안에 있는 이반 광장의 차르 벨과 차르 대포도 놓치지 말자. 러시아의 전통에 따라 세계에서 가장 큰 규모로 주조되었지만 사용되지는 않았다. 수도에는 크고 작은 수백 개의 박물관과 화랑이 있어 언제든 다양한 종류의 관심사를 충족할 만한 것이 있다. 도시의 굴라그 박물관과 멀티미디어 미술관도 놓치지 말자.

극장

러시아의 극장은 전통적이면서도 혁신적인 방식으로 러시아의
정신을 드러내며 번성하고 있다. 모스크바의 예술극장 MHAT
부터 불과 몇 줄의 좌석이 있는 지하 스튜디오에 이르기까지
러시아의 모든 극장은 열성적인 관객들로 꽉 들어찬다. 일반적
으로 어느 기간이든 한 극장의 공연 레퍼토리에는 여러 편의

연극이 올라오는데 일부 티켓은 미리 예매해야 할 정도로 인
기가 높다. 규모가 크고 꽤 잘 알려진 극장의 공연 티켓은 비
쌀 수도 있지만, 규모가 작고 덜 알려진 극장의 경우에는 종종
놀라우리만치 저렴하다. 러시아에서 문화생활을 즐기는 데에
는 큰돈이 필요하지 않다.

음악

러시아 음악은 러시아의 영혼을 비추는 진정한 표상이다. 열정적이고, 우울하며, 아름다운 곡조의 선율, 이는 민요, 비잔틴 합창, 그리고 동양적인 주제와 서양의 하모니를 두루 포용한다. 러시아에는 정교회 예배에서부터 공연장에 이르기까지

'잠자는 숲속의 미녀' 중 파드되

음악을 들을 수 있는 곳이 널렸다. 음악 축제 중에는 상트페테르부르크에서 열리는 백야 축제가 가장 독보적이다. 러시아의 오페라, 발레, 클래식 음악이 기나긴 천상의 황혼 속에서 밤이 낮이 되는 북방의 6월이 선사하는 마법과 한데 어우러진 유일한 장소인 만큼 유일무이하다.

서커스

서커스는 예카테리나 2세 시대 이래 가장 인기 있으며, 가장 평등한 러시아 오락의 한 형태로 자리 잡았다. 러시아 국립 서커스 학교에서 4년 과정으로 기술을 지원한다. 츠베트노이 대로에 있는 모스크바 서커스를 방문하면, 당신 속의 '동심'은 침팬지에 푹 빠져 호랑이 굴에 들어가는 사람들의 용기에 감탄하면서 러시아 광대들과 함께 배꼽 잡고 있을 것이다.

일요일의 손님

가장 인기 있는 활동은 여전히 '모임'이다. 숲에서 바비큐를 하든, 점심에 친척 집을 방문하든, 카페나 레스토랑에 모여 앉아두런두런 이야기를 나누든 함께 모여 시간을 보낸다. 러시아어 표현 중에 '하로시이 시데띠'라는 말이 있다. 문자 그대로의 뜻은 '예쁘게 앉아 있다'라는 것이지만 서로가 화목하게 보내고 있음을 의미한다.

교외 즐기기

자연을 향한 러시아인들의 사랑은 다차 현상에서만 볼 수 있는 것이 아니다. 낮이나 주말에 등산, 낚시, 버섯 따기, 딸기 따기 등 다양한 종류의 활동을 즐긴다. 이 모든 활동은 일견 편안해 보일지 모르지만 나름의 목적이 존재한다.

　등산은 종종 학교 졸업식, 생일, 또는 여름 방학의 시작과 같은 축하 행사와 결합하여 피크닉이나 텐트에서 즐기는 하룻밤을 위해 주변 숲을 훑어보는 장소까지 행진하는 활동을 포함하기도 한다. 버섯과 딸기 따기는 간혹 즐거움보다는 필요해서 하는 경우가 많다. 그렇긴 해도 영국 남부에 다차를 가진 부유한 러시아인들조차 가을 버섯을 찾기 위해 서리주의 개인 소유 공원을 이리저리 돌아다니는 것으로 유명하다.

낚시는 러시아에서 골프에 맞먹는 활동이거나, 혹은 가장 조용한 활동의 팀 빌딩이다. 그야말로 집안일에서 벗어나 현실 도피를 꾀할 수 있는 최상의 취미 활동일 것이다. 물론 포구를 가지고 집으로 돌아가는 것 역시 중요하다. 여름 주말 시장에서는 다양한 크기의 신선한 민물고기가 활발하게 거래된다.

시베리아 남부 투바에서 낚시 여행을 즐기는 푸틴 대통령

사냥(사격)은 상류층의 또 다른 팀 빌딩이다. 비록 당신이 평생 산탄총을 들어본 적이 없더라도 초대를 거절하지는 말자. 나중에 피크닉을 가면 독자 여러분의 가장 수익성 있는 거래 중 하나로 이어질 수도 있다. 러시아 정치인 빅토르 체르노미르딘의 조언에 따르면 "사냥은 내가 가장 좋아하는 여가 활동이다. 내게 걷고 또 거닐다가 기다리고 숨을 기회를 준다."

스포츠

"러시아인들은 스포츠를 잘한다."라는 인식은 스포츠가 냉전 시대의 체제 선전용이었던 어두운 시기에도 일반적인 사람들의 뇌리에 박힌 인식이었다. 러시아의 피겨스케이팅 선수와 육상선수, 하키선수와 체조선수 들은 세계적으로 유명하다.

그러나 최근 몇 년 동안 러시아인들의 스포츠 선호도는 종종 정치 엘리트들의 취미에 따라 옮겨갔다. 보리스 옐친의 테니스 사랑은 모스크바 테니스 컵 토너먼트의 탄생으로 이어졌고, 블라디미르 푸틴의 검은 띠는 수많은 무술학교가 문을 여는 데 원동력이 되었으며, 말에 관한 관심을 불러일으켰다.

극단적인 것을 무척 즐기는 러시아인들의 성향상 패러글라이딩, 낙하산 점프, 산악자전거, 수상자전거가 인기를 끌고 있다는 사실은 그리 놀라운 일은 아니다. 서구인들의 흔한 오해와 달리 부유한 러시아인들은 단순히 샴페인과 사우나에 엄청난 돈을 뿌리면서도 실제로 스키를 즐길 목적으로 알프스에 가기도 한다.

러시아인들에게 외모는 중요하다. 그래서 체육관이 인기도 많고 비싸다. 모스크바의 엘리트 체육관의 한 달 회비는 수천 달러에 이를 수도 있다.

엘리트 체육관을 이용하거나 회비를 감당할 여력이 안 된다면 겨울에 모스크바를 방문할 때 스케이트를 가지고 가보자. 스케이트장은 도시 외곽의 '잠자는 공간'의 마당에서부터 붉은 광장의 화려한 주변까지 곳곳에 있다. 모스크바의 고리키 공원을 방문하면 모든 연령대가 함께 스케이트를 타며, 스케이트를 대여하기 위해 함께 줄을 서 있는 모습을 볼 수 있다. 모스크바 북동쪽에 있는 전러시아박람회장(베테엔하)에는 참으로 인상적인 스케이트장도 있다.

반야

반야, 즉 러시아식 목욕탕은 하나의 관습이다. 그것은 러시아의 전통, 클럽, 그리고 심지어는 건강 센터의 전형이다. 11세기 《연대기》 작가인 네스토르는 목재 증기탕에서 뛰어나오는 사람들을 다음과 같이 묘사했다. "벌거벗은 채로 즐거워하면서, 그들은 자작나무 가지로 서로를 두들겨주고, 마지막에는 얼음처럼 차가운 물을 각자 스스로에게 부어서 씻는데 전혀 고통스러워하지 않고……"

과정은 아주 간단하다. 나무 벤치에서 잠시 땀을 흘린 다음, 누군가 여러분의 혈액 순환을 촉진하기 위해 자작나무 가지로 몸을 때리고, 그러고 난 다음에 얼음 웅덩이로 풍덩 뛰어들면 된다.

러시아의 반야 전용 웹사이트에서는 반야를 이렇게 설명했다. "반야는 단지 독소를 제거하고, 혈액 순환을 촉진하고, 면역력을 강화하기 위한 것만은 아니다. 러시아 반야에 참석하는 사람은 상시 머릿속에서 사고가 활발히 일어난다. 즉, 증기를 넣고, 증기를 빼고, 자작나무 가지를 사용하고, 환기하고, 얼음물 속으로 뛰어들 시간을 끊임없이 판단해야 한다." 기사는 다음과 같이 마무리한다. "따라서 반야는 단지 지식만이 아니라 온정신을 쏟아야 하는 기술이다."

반야는 생일과 사업상의 모임, 미혼 여성의 파티, 남성의 결혼식 전날 밤을 위한 장소이다. 전통적으로 남성과 여성의 반야는 분리되어 있다. 모스크바의 한 반야를 소개하는 다음의 광고를 음미해보자.

"저희 반야는 가장 싱싱한 자작나무 가지와 향긋한 허브를 제공합니다. 라운지에 있는 TV는 70개의 채널을 시청할 수 있으며 물 담뱃대와 무려 30가지에 달하는 브랜드의 차가 구비되어 있습니다. 노래방에는 50곡의 노래와 3개의 마이크가 준비되어 있고……"

만약 당신이 자작나무 가지 채찍질이 혈액 순환과 콜레스테롤 및 스트레스 감소에 탁월하다는 데 확신이 든다면, 모스크바에서 가장 인기 있는 산두노브스키 대중탕부터 시작하라. 만약 공공연히 몸을 드러내는 데 부담을 느껴 친구들끼리만 오붓하게 조용한 휴식을 취하고 싶다면 더 작고 사적인 반야를 빌릴 수도 있다.

하지만 경고의 말을 덧붙이면 반야는 페레스트로이카(개혁) 이후 수년간 어감이 부정적으로 바뀌어 종종 퇴폐적인 마사지 업소를 일컫는 데 사용되기도 했다. 일부 정치인과 기업인이 반야에서 찍힌 사진 때문에 직위를 잃은 예도 있다.

07

/

여행 이모저모

상트페테르부르크는 길게 뻗은 웅장한 길, 운하, 다리가 있는 격자무늬에 유럽의 전통적인 도시 형태로 지어졌다. 모스크바는 옛 수도로 마을들이 모여 유기적으로 성장했다. 모스크바는 1917년에 다시 수도가 되었다. 모스크바는 혼돈의 용광로이며, 역동적이고 부유하다. 상트페테르부르크는 북구의 방식대로 차분하고 묵직하다.

거대하고 광활한 영토로 이루어졌다는 것은 러시아의 거의 모든 사람이 어느 정도는 장거리 여행자였음을 의미한다. 러시아의 길은 오랜 여정과 고난을 헤치고 고향으로 돌아오는 새로운 시작을 상징하며, 새로운 기대와 함께 시간을 여행한다. 수많은 러시아의 노래와 시들은 바로 이러한 감정을 담아낸다.

하지만 아직 낭만은 잠시 접어두겠다. 이른바 "러시아에는 바보와 길이라는 두 가지 불운이 존재한다."라는 고골의 유명한 구절은 여전히 러시아의 길을 표현한다. 대다수 길이 정비가 필요한 건 물론이고, 사고와 도로 사망자 수에서도 러시아는 단연 으뜸이다. 또한 이 나라는 형편없는 항공 안전 기록을 가지고 있다. 러시아의 국영항공사인 아에로플로트와 자회사인 저가 항공사 포베다는 러시아 내에서 안전을 보장하지만, 지역 항공사들은 조심하는 게 좋다. 저렴한 티켓은 저렴한 교통수단이며 낮은 안전 수준으로 타협했음을 의미할 수 있다.

두 도시 이야기

러시아에 도착하면 모스크바나 상트페테르부르크에 착륙할

가능성이 크다. 이 두 도시는 관광객들에게 가장 확실한 선택이다. 가장 큰 도시일 뿐만 아니라 가장 많은 극장, 박물관, 레스토랑이 즐비하다. 만약 둘 다 방문한다면 당신은 두 도시가 얼마나 다른지 볼 수 있는 기회도 얻게 될 것이다.

표트르 대제의 새로운 수도였던 상트페테르부르크는 길게 뻗은 웅장한 길, 운하, 다리가 있는 격자무늬에 유럽의 전통적

• 문제는 스타일 •

고층 빌딩을 대하는 태도에 관한 두 기사의 다음 인용문은 두 도시의 차이점을 아주 생생하게 보여준다.

모스크바: 높이 354미터로 유럽에서 가장 높은 고층 건물의 건설이 2008년 1월에 완공되었다. 9개의 초고층 빌딩이 추가로 지어질 전망이다. 초고층 빌딩에서 사는 것은 모스크바 시민들 사이에서 점점 더 인기를 얻고 있다. 모스크바 시장은 초고층 빌딩이 도시의 명성을 위해 중요함을 더 확실히 했다.

상트페테르부르크: 가스 대기업인 가스프롬이 상트페테르부르크의 스카이라인을 파괴할 390미터 높이의 타워를 건설하기로 한 결정으로 전문가들과 일반 시민들로부터 대규모 항의를 불러일으켰다.

인 도시 형태로 지어졌다. 모스크바는 옛 수도로 마을들이 모여 유기적으로 성장했다. 모스크바는 1917년에 다시 수도가 되었다. 모스크바는 혼돈의 용광로이며, 역동적이고 부유하다. 상트페테르부르크는 북구의 방식대로 차분하고 묵직하다. 두 도시를 모두 볼 기회를 얻었던 거의 모든 방문객은 확실한 기호를 가지고 있다.

두 도시 사이의 사회문화적 차이는 3세기 이상 벌어져 있다. 2005년 4월 모스크바에 본사를 둔 소프트웨어 솔루션 전문기업인 ABBYY는 모스크바와 상트페테르부르크에서 사용되는 러시아어 사이의 차이점을 담은 전자사전을 소개했는데, 무려 70개 이상의 항목이 수록되었다.

목적지

러시아에서 방문할 수 있는 장소를 나열하려면 웬만한 작은 책보다 더 많은 책이 필요할 것이다. 아드레날린이 용솟음치는 사람들에게는 선택권이 많을 것이다. 당신은 5,633미터의 코카서스산맥에 있는 옐브루스산을 오를 수도 있다. 이 산은 유럽에서 가장 높은 봉우리다. 나아가 세계에서 가장 깊고 오래된 호수로 '시베리아의 푸른 눈'이라고 부르는 바이칼 호수를 산책하거나, 태평양의 캄차카섬에 있는 화산으로 만들어진 간헐천의 뜨거운 물에 몸을 담글 수도 있다.

진정한 모험심을 원한다면, 국제 레드 북International Red Book의 멸종 위기종인 시베리아 호랑이를 찾아 아에로플로트를 타고 시베리아 남부의 우수리스크로 날아간 다음 버스로 이동하여 헬리콥터를 탈 수도 있을 것이다. 러시아의 타이가(북반구 냉대지역의 침엽수림-역주)는 수천 마일에 걸쳐 뻗어 있으며 거의 황량하다.

역사와 건축을 더 좋아한다면, 러시아 옛 도시들(블라디미르, 수즈달, 우글리치, 야로슬라블)의 황금 고리를 둘러보는 여행은 필수 코스다. 하지만 러시아의 거리는 저마다 달리 인식되기 때문에 만약 당신이 블라디미르에 있는 누군가로부터 역사적인 '근처' 마을인 코스트로마를 방문하라는 권유를 받는다면, 거기까지 차를 몰고 가는 데 6시간이 걸린다는 점을 잊지 말아야 한다.

해변이 당신의 목표라면, 자연 그대로의 오염되지 않은 깨끗한 해변이 인상적인 백인의 휴양지이자 올림픽 수도였던 소치에 가보는 걸 추천한다. 모스크바에서 비행기로 2시간이면 러시아를 떠나지 않고도 여유로운 휴식을 취할 수 있는 완벽

동부 시베리아의 바이칼 호수에서 올혼섬의 주술사

노브고로드의 성 소피아 대성당

한 장소다. 여행 시기에 따라 호텔 객실 요금이 만만치 않을 수도 있다. 따라서 점점 인기를 얻고 있는 에어비앤비가 더 나은 선택일 수 있다. 기차로 여행 중이고 휴가를 망치고 싶지 않다면 8월 말에는 귀국행 티켓을 끊지 않는 게 좋다. 관광객 대다수가 똑같은 선택을 할 테니까 말이다. 이틀간 황금빛 해변보다 더 오랫동안 사람들로 포위되어 있었던 철도 매표소만 기억에 남을 것이다.

대중교통

【 열차 】

열차는 장거리 여행에서 매우 편리하고 신뢰할 수 있는 수단이지만 안락함과 시간 엄수 정도는 노선마다 다를 수 있다. 예를 들어 모스크바와 상트페테르부르크 사이에 여러 고속열차가 몇 대 있는데, 그중 삽산고속열차가 가장 비싼 만큼 인상적이며 4시간도 채 걸리지 않는다. 기차역 매표소 앞의 줄은 기다리기 힘들 수 있으니 인터넷으로 예매하는 것이 좋다.

기차여행은 러시아의 공동생활을 음미해볼 수 있는 첫 번

모스크바와 상트페테르부르크 구간을 운행하는 삽산고속열차

째 기회가 될 수 있다. 장거리 여행 시에는 세 단계의 안락함 또는 등급이 있다. 1등석 '룩스'는 두 개의 철제 침대가 갖춰져 있는 2인실이다. 2등석 '쿠페'에는 네 개의 부드러운 침상이 있는 4인실이다. 혼자 여행할 경우 쿠페 전체를 혼자 다 쓸 만큼의 여력이 되지 않는다면 세 명의 낯선 여행자와 하룻밤을 함께 보낼 수 있다. 마지막으로 3등석 '플라츠카르타'는 열린 복도를 따라 6개의 딱딱한 침대가 놓여 있는데, 여성 승객들의 빗발치는 요구에 따라 2007년에 러시아 철도청은 8개의 주요 노선에 여성 전용칸과 남성 전용칸을 도입했다. 하지만 러시아 철도는 2025년까지 플라츠카르타 시스템을 단계적으로 폐지

하기로 했다. 그러니 바로 이 러시아의 전통을 경험할 기회를 놓치지 말길 바란다.

"좋은 동반자와 함께하면 여정이 반으로 줄어든다."라는 러시아 속담이 있다. 러시아인들의 관점에서 '좋은 동반자'란 여행하는 내내 이야기가 끊이지 않고, 자신의 집에서 만든 음식을 나눌 수 있는 사람이므로 미리 대비하자. 플라츠카르타 칸에서 여행하는 것은 새로운 친구를 사귀고 흥미로운 사람들을 만날 수 있는 좋은 방법이다. 러시아어 몇 마디가 당신을

• 짧은 만남 •

오랫동안 연락이 끊긴 친척이나 친구들을 찾아주는 러시아 국영 TV의 〈날 기다려 주세요〉라는 프로그램은 시베리아 횡단특급열차를 이용했던 한 승객으로부터 요청을 받았다. 바로 의뢰인과 아들의 여행 마지막 나흘간 그들과 같은 칸에서 시베리아에서 모스크바로 여행 중이던 한 여성을 찾아달라는 것이었다. 보아하니 함께 여행하는 동안에 그 여성과 젊은 남성 사이에 우정이 싹튼 듯했다. 프로그램의 자료 조사팀이 철도 예약 시스템을 통해 그 여성을 추적했고, 마침내 그 커플은 스튜디오에서 재회했다.

멀리 데려갈 수 있다.

주요 도시 주변으로는 보통 단단한 의자에 편의시설을 갖추지 못한 전기통근열차가 운행된다. 서서히 더 현대적인 열차로 교체되고는 있지만, 어떤 열차를 타게 될지는 순전히 운에 달려 있다. 특히 여름철 더위에 더 오래된 열차를 타게 되면 불편할 수 있다. 모두가 다차로, 혹은 '대자연의 모험'을 찾아 떠나는 주말은 피하는 게 상책이다.

【 지하철 】

대도시의 교통체증이 심해지고 있는 요즘 지하철은 의심할 여지 없이 가장 빠르고 믿음직한 교통수단이다. 이제 모스크바 지하철에는 영어로 된 표지판과 길 안내판도 있다! 모든 노선을 알기 쉽게 색깔별로 구분해 놓았다. 예를 들어 모스크바에서 순환선(콜체바야선)은 갈색이다. 지하철은 오전 5시 30분부터 1시까지 운행한다. 출퇴근 시간 오전 8~9시 오후 5~7시에는 혼잡해진다. 요금은 어디에 가든지 똑같다.

모스크바에 있는 박물관을 방문할 시간이 없다면 적어도 지하철역을 방문해보자. 많은 역이 대리석으로 꾸며져 있으며, 조각상과 샹들리에가 웅장함을 더한다. 19세기 고딕 건축 양

모스크바 지하철 순환선의 콤소몰스카야역

식을 감상하려면 콤소몰보다는 콤소몰스카야역을, 조각품이
끌린다면 플로샤디 레볼류치역을, 명랑한 우크라이나 농부들
의 이미지를 보고 싶다면 키예프스카야역을 이용하라.

【 버스, 트롤리 버스, 트램 】

대중교통은 운행 일정을 잘 따르지 않아 5분에서 40분까지
얼마든지 기다릴 수 있다. 대중교통은 오전 5시 30분부터 새
벽 1시까지 운행한다. 버스정류장은 A 표시가 있는 노란색 번
호판, T 표시가 있는 트롤리 버스(무궤도 전차) 정류장은 흰색 번

호판, 트램 정류장은 Tp다. 늦은 밤 시간대에는 버스, 트롤리 버스, 트램 모두 다니지 않는다. 따라서 늦은 시간대에는 택시만 탈 수 있으므로 많이 늦으면 지하철 운행이 재개되는 시간까지 기다려야 할 수도 있다.

【 택시 】

택시 회사들은 24시간 영업하며 전화로 택시를 부를 수 있다. 차량 운행 관리원이 픽업하는 차량의 기종과 번호를 알려줄 것이다. 대도시 주변에는 많은 공식 택시 정류장이 마련되어 있다. 택시 앱은 러시아에서 매우 큰 인기다. 안전하고 신뢰할 수 있는 서비스를 이용하기 위해 우버나 얀덱스 택시를 이용해보자. 특히 러시아 공항에서 이동할 때 더욱더 유용하다.

러시아에서 히치하이크는 흔한 일이다. 택시를 타는 것보다 차를 불러 세우는 것이 더 싸지만, 가격은 미리 합의해야 한다. 당신의 목적지가 운전자에게 편리하지 않으면 당신을 태우지 않을 수도 있다. 그리고 낯선 사람의 자가용에 탑승한다면 위험성이 따른다는 점을 알고 있어야 한다. 밤에는 절대 그래선 안 된다. 당연히 온라인 앱을 통해 택시를 예약하는 것이 훨씬 더 안전하다.

【 마슈르트카 】

인기 있는 시내버스 노선은 민간 회사들이 운영하는 마슈르
트카(셔틀버스)로 보완된다. 이 버스들은 더 안정적이고 자주 운
행할 뿐만 아니라 정류장 외에도 승객의 요청에 따라 경로상
어디든 정차한다. 마슈르트카는 빈자리가 있고 '정차 금지' 표
지판 아래에 서 있지만 않다면 히치하이크할 수 있다. 택시를
제외한 모든 교통수단과 마찬가지로 탑승 시 운전기사에게 얼
마를 원하든 같은 금액을 낸다. 마슈르트카는 모스크바에서
단계적으로 폐지되는 수순을 밟고 있어서 수도에서는 엄격히
규제된 노선에만 운행을 허용하고 있다.

운전

직접 차를 빌리는 것보다 운전기사가 딸린 차를 빌리는 것이
더 나은 선택이다. 주요 이점은 운전자가 예측 불가능한 행동
과 뇌물 수수로 악명 높은 'GAI(교통경찰)'를 다룰 수 있다는 점
을 꼽을 수 있다.

　당신이 정말로 길 여기저기 움푹 파인 도로를 직접 달려 보

고 싶다면 반드시 지켜야 할 몇 가지 규칙이 있다. 차를 대여하려면 18세 이상(아비스), 또는 25세 이상(허츠)이어야 한다. 여권을 제시해야 하고, 최소 2년 이상 유효한 운전면허증, 그리고 신용카드(비자, 아메리칸 익스프레스, 유로페이 또는 다이너스 클럽)를 소지하고 있어야 한다.

러시아인들은 종종 "좋은 운전자는 운전하는 법을 아는 사람이 아니라 도로 위의 바보들을 예측할 수 있는 사람이다."라

모스크바의 MKAD 순환도로와 볼고그라드스키 대로의 분기점

고 말한다. 러시아의 운전자들은 간혹 무모하고 강압적이므로 당신은 분별력을 가질 필요가 있다.

공식적인 제한 속도는 시 경계 내에서 시속 60km이다. 모스크바의 교통이 흔히 거의 정지 상태이긴 해도 말이다. 그리고 안전을 생각해서 고속도로에서는 약 시속 90km로 달리는 것이 좋다. 교통경찰과 문제가 생기지 않도록 항상 운전면허증과 자동차 등록서류를 휴대하고 다니자. 또한 차량에는 구급상자, 소화기, 비상정지 표지판이 설치되어 있어야 한다.

마주 오는 차량이 신호를 보낼 때는 전방에 도로검사 또는 속도제한 검문소가 있다는 경고다.

• 고육지책 •

케메로보시의 도로경찰은 고속도로에 보드지를 잘라 만든 경찰차 모형을 세워 과속을 방지하기로 했다. 첫 달 만에 도로 사고가 급증했다. '경찰차'를 본 운전자가 갑자기 속도를 줄이는 바람에 뒤에 있는 차와 충돌한 것이다.

숙박

호텔 가격이 비싸다고 해서 반드시 품질 역시 보장되는 건 아니다. 특히 모스크바는 더욱 그러하다. 작고 아늑한 호텔들이 파고드는 틈새시장이 있으며, 호텔 등급을 전혀 배정할 수 없었던 구소련 시절의 호텔들도 있다. 러시아 내 부동산 회사들 대부분은 안전하고 합리적인 가격의 임대 아파트를 제공한다.

모스크바강에 위치한 발츠슈그 켐핀스키 호텔

건강

러시아의 의료 분야는 감당할 수 있는 능력을 초과한 상태로 자금은 턱없이 부족하다. 의료 서비스는 공공(NHS) 진료소와 병원, 비싼 개인 보험회사에서 운영하는 센터들이 혼합되어 있다. 구급차 긴급 번호는 '03'이다. 러시아 의사들은 종종 최저 임금과 자원 부족에도 굴하지 않으며 연민, 인내심, 회복력을 보여준다. 대부분의 러시아 도시에는 거리마다 약국이 있다.

• 군더더기 없는 적정 의료 •

한 미국인 은행원이 방문 이틀째에 병에 걸려 러시아 시골의 한 병원을 찾았다. "동남아시아를 여행하셨나 봐요." 간단한 검사 후에 러시아 의사가 결론을 내렸다. "내장에 희귀한 박테리아가 있습니다. 기관지염도 치료해야 하고요. 치료하지 않고 내버려 두어서는 안 됩니다."

일반적인 진통제를 먹은 후 그 은행가는 뉴욕으로 날아가 일주일 동안이나 걸린 비싸고 중대한 검진을 받았다. 그 결과는 다음과 같다. "귀하의 장에서 희귀한 동남아시아 박테리아가 보이고, 만성 기관지염이 있습니다."

〔 옷입기 〕

겨울에는 무조건 따뜻하게 옷을 입고 실용적인 신발을 신자. 얇은 코트를 입고 혹한과 싸우는 꽁꽁 얼어붙은 외국인들보다 더 슬픈 광경은 없을 테니까! 따뜻한 방수 신발 한 켤레는 필수다. 빙판길에서 미끄러지지 않도록 접지력이 있는 신발이면 금상첨화다.

곧 알게 되겠지만 비즈니스 회의에 어울리는 복장은 정장이어야 한다. 러시아 사람들은 사람들을 알아가기 전에 외모로 판단하기 때문에 외출할 때는 말쑥한 차림으로 나서라. 구두는 항상 광택이 있고 깨끗해야 한다.

안전

러시아를 여행하는 동안 몇 가지 상식적인 규칙은 반드시 지켜야 한다.

- 기차로 여행할 때 짐을 잠그거나, 여유가 있다면 객실 하나를 전부 다 예약하고 밤에는 밖으로 나가지 않는 게 좋다.
- 대중교통이나 거리에서는 소매치기를 주의한다. 특히 누군

가가 고의로 당신에게 부딪힐 때 특히 그렇다.

- 공식 신분증을 소지하는 것은 법적으로 요구되는 사항이다. 당신은 항상 그것을 보여달라는 요청을 받을 수 있다. 하지만 원본 서류보다 여권과 비자 복사본을 가지고 다니는 게 더 안전하다. 여권과 신용카드 복사본은 따로 보관하되 안전한 장소에 보관해야 한다. 당신의 모든 물건을 한 지갑에 넣고 다니지 마라.
- 러시아는 다른 유럽 국가들 못지않게 어두운 피부의 외국인을 배척하는 편이므로 특히 지하철과 거리에서 추가적인 경찰의 견제를 받을 수 있다는 점에 유의하자.
- 한밤중에 개인차를 부르지 마라.
- 어두운 거리에서 ATM기를 사용하지 마라. 환율이 더 높더라도 호텔이나 나이트클럽에 있는 기기를 사용하자.
- 여느 곳과 마찬가지로 늦은 밤 집까지 혼자서 걸어가지 않는 게 좋다. 마당과 계단은 조명이 열악할 수 있으므로 실제로 아무 일이 일어나지 않더라도 무서운 경험이 될 수 있다.
- 시내에서 밤에 외출할 때는 각별한 주의가 필요하다. 나이트클럽에서 가끔 마약과 음주로 난폭해지는 사태가 발생

할 수 있다. 만약 여성이 당신을 자신의 아파트로 초대한다면 다시 생각해보라. 두어 명의 나쁜 의도를 가진 젊은이들이 나이트클럽 밖에서, 혹은 그녀가 부르는 '택시'에서 당신을 노리고 있을 수도 있다.

• 정말로 안전이 염려되는 상황이라면 러시아에는 전직 군인, 민병대 또는 KGB 요원으로 구성된 신변보호 및 보안 서비스를 제공하는 회사가 많다. 그들은 개인경호에서부터 시설 경비에 이르기까지 광범위한 서비스를 제공한다.

08

비즈니스 현황

부패는 정계의 고질적인 풍토에 그치지 않고, 러시아 사회 전반에 만연해 있다. 공무원과 공직자의 급여가 낮은 한, 뇌물수수와 부정부패는 러시아 생활에서 필수적인 부분으로 자리잡게 될 것이다. 러시아에서 운전할 계획이라면 어느 시점에서 교통경찰에게 뇌물을 주어야 할 것이다.

러시아 경제의 현주소를 이해하려면 크리스마스 전에 꽁꽁 언 모스크바와 과감히 대면하고 붉은 광장으로 나아가야 한다. 어마어마한 규모로 드넓게 펼쳐진 미끄러운 포장석을 건너다 보면 오늘날 러시아의 기이한 형상 안으로 들어가게 된다. 한쪽에는 자본주의의 소비자 천국 굼GUM 백화점이, 그 맞은편에는 묘지에 누워 있는 사회주의 경제의 창시자가, 그리고 중앙집권 국가 권력의 상징인 크렘린의 붉은 벽이 그 광장 너머 어렴풋이 보인다. 마지막으로 가운데 있는 화려한 스케이트장이 그림을 완성한다. 자, 이제 장면을 주의 깊게 살펴보자.

국영종합백화점을 의미하는 굼은 러시아 소비 붐을 보여주는 진열창이다. 외환위기 이후 중산층은 쪼들리고 그만큼 소비에 신중해졌지만, 백화점은 늘 관광객과 부유한 러시아인들의 인파로 들썩인다.

레닌 묘로 이동해보자. 유리관 속에 누워 있는 남자를 천천히 지나쳐 가기 위해 기다리고 있는 사람들의 긴 줄에 기세가 꺾인다고 해도 확실히 가볼 만한 가치가 있다. 힘들게 번 돈을 쓰려고 광장 맞은편의 굼 백화점 안으로 몰려들어가는 외국인 관광객들을 그가 어떻게 생각할지는 오로지 짐작만 할 수 있을 뿐이다.

크렘린은 14세기부터 중앙집권 권력의 상징이었다. '크렘린' 이라는 단어는 종종 정부의 주요 의사 결정권자들을 지칭하기 위해 더 포괄적인 방법으로 사용된다.

푸틴 대통령 집권 초기 몇 년은 고유가와 가스 가격 덕분에 러시아 경제가 호황을 보았다. 경제학자들은 경제가 석유 수출에 너무 의존적이라고 경고했지만, 그것을 다각화하려는 노력은 거의 기울이지 않았다. 2014년 이후 상황은 급격히 악화되었다. 2017년 불황에서 벗어났으나 그림은 여전히 암울하다. 2018년 임금은 정체되고 러시아의 실질 소득은 0.2% 감소했다. 정부의 전략적 투자 확대 없이는 국가 경제에 뚜렷한 성장의 원천은 거의 이렇다 할 만한 게 없다. 정부는 주요 부문에 대한 구조 개혁을 단행하지 않고 있으며, 국가의 지정학적 지위 역시 크게 개선될 것 같지 않다. 여론조사는 낮아진 생활 수준을 둘러싼 러시아 국민의 불만이 늘어나고 있음을 보여주었고, 우리가 본 바와 같이 푸틴 대통령의 평소 변함없는 지지율마저 심각한 타격을 입었다.

2014년 이후 다른 외국인 투자자들이 사업을 접은 뒤에도 러시아에 머물고 있던 미국인 투자자 마이클 칼비가 2019년 가택연금 되면서 러시아 재계에 큰 충격이 왔다. 미국인 투자자는 은행을 사취한 혐의로 기소되었는데, 러시아 형법에 따라 최고 10년의 징역형을 선고받을 수 있는 범죄에 해당한다. 러시아는 그 어느 때보다도 외국인 투자가 절실한 때에 이와 같은 사건들로 러시아 법체계에서 이미 취약해진 투자자들의 신뢰를 뒤흔들었다.

【 예측 불가능 】

"극빈자의 가방이나 감옥도 빼먹지 말고 챙기라."라는 말은 익히 잘 알려진 러시아 속담이다. 1990년대 초에 돈을 벌었던 대부분의 러시아인은 정도의 차이는 있지만, 루블화 붕괴로 신흥 중산층이 거의 파괴될 뻔했던 1998년 8월 금융 위기 때 '극빈자의 가방'을 경험했다. 많은 재산이 하루아침에 사라졌다.

러시아에서 몇 년째 비즈니스를 하는 한 미국인 사업가는 그곳에서 사업을 한다는 건 "러시아 롤러코스터를 타는 것과 같습니다. 언제 매출이 오를지, 또 얼마나 떨어질지 알 수 없지만, 그로 인한 스릴과 아드레날린은 엄청나니까요!"라고 설명했다. 그는 변동성이야말로 러시아에서 비즈니스를 하는 사람이라면 필연적으로 겪을 수밖에 없는 부분임을 강조한다. 그리고 그의 말은 틀림없는 사실이다. 러시아에서 사업을 할 계획이라면 대세를 따르고, 언제든 당신 앞에 닥칠 그 어떤 도전이라도 대처할 각오가 되어 있어야 한다!

부패

부패는 수 세기 동안 변함없이 유지되고 있는 러시아 경제와 러시아인들 삶의 한 측면이다. "내가 러시아를 통치한다고 생각한다면 당신이 틀렸다. 러시아는 400명의 최고 관리들에 의해 통치된다." 19세기 중반 차르 니콜라스 1세가 말했다. "나는 후임 총리에 대해 정말 공감한다. 엄청난 부패 문제는 그의 책임이 될 것이다." 2006년 블라디미르 푸틴 러시아 대통령이 한 얘기다. 그러나 푸틴 자신은 부패의 형태만 바꿔 그가 통치하는 중앙집권적 하향식 권력구조에 통합했고, 이는 정권의 안정을 유지하는 데 크나큰 역할을 한다.

고위층 공무원은 니콜라스 시대든 21세기든 러시아 사회에서 항상 강력하고 영향력 있는 계층이었다.

국제투명성기구는 부패인식지수에서 러시아를 180점 만점에 138점으로 나이지리아 및 과테말라와 같은 순위에 올렸다. 그러나 부패는 정계의 고질적인 풍토에 그치지 않고, 러시아 사회 전반에 만연해 있다. 공무원과 공직자의 급여가 낮은 한 뇌물수수와 부정부패는 러시아 생활에서 필수적인 부분으로 자리 잡게 될 것이다. 러시아에서 운전할 계획이라면 어느 시점에서 교통경찰에게 뇌물을 주어야 할 것이다. 만약 당신이

• 깨끗한 사업 관행 유지하기 •

러시아의 부패가 만연한 분위기에서 정직하려고 노력하는 서구 회사의 확실한 본보기로는 스웨덴의 거대 가구 회사인 이케아가 있다. 이 회사는 러시아에서 매년 수백 건의 소송에 시달린다. 이들의 주장에 따르면 깨끗하게 사업 관행을 유지하기 위해 뇌물을 주지 않기로 한 그들의 결의에 러시아인들이 앙갚음하는 것이라고 말한다. 2010년, 이케아 러시아의 전 CEO인 렌나르트 달그렌은 《부조리에 굴하지 않고 내가 러시아를 정복하고 그것이 나를 정복한 방법》이라는 책을 출간했다. 그는 이 책에서 회사의 사업을 방해한 많은 사람을 지목했다.

운이 나빠 러시아 병원에 입원하게 될 경우 의사와 간호사들에게 감사를 표하기 위해 '선물'을 주는 일은 흔하다.

법률체계

러시아 기업들은 종종 기업 지배구조와 투명성에서 명확한 서구의 규칙들이 좌절감을 안기고 폐소 공포증마저 불러온다고 느낀다. 러시아에서 모든 규칙은 예외를 둘 수 있고, 모든 법은 다양한 방식으로 다뤄질 수 있다. 수 세기에 걸쳐 강요된 복종은 습관적인 '내적 반란'을 일으켰다. 즉, 당국에 반박하지 말고, 폭동을 일으키지 말 것이며, '자신만의 방식대로' 일을 하라는 것이다. 아이러니하게도 이 생존 전략은 90년대의 경제 개혁을 망친 요인 중 하나였다. 인구 대다수는 새롭게 부과된 규칙을 익혔으나 누구나 자신만의 방식대로 일했다는 게 문제였다.

　법을 대하는 러시아인들의 일반적인 태도와 소련 이후 첫 한 해 동안 명확하지 못했던 규정들이 불문율 기반의 사업 환경을 다져놓았다. 알레나 레데네바 박사에 따르면 "이러한 비공식 관행은 공식적인 질서의 결함을 보완하는 동시에 결함을 훼손하는 능력이 있다는 점에서 중요하다."

　서구의 기업인들이 쉽게 이해하거나 받아들이지 못하는 이러한 불문율들은 사실상 러시아 경제의 톱니바퀴다.

비즈니스 문화

【 블라트와 콤프로마트 】

"나는 당신을 도울 것이고 당신은 나를 도와야 할 것이다."라는 러시아의 뿌리 깊은 상호 지원의 원칙은 소련 시절 특이한 반전을 겪었다. 배급과 공정한 분배라는 소련 체제는 재화와 서비스에 대한 특권적 접근을 획득하는 블라트에 의해 폭넓게 보완되는데, 주로 기존의 유통 경로 밖에서 개인 간 접촉을 통해 거래되었다.

　페레스트로이카 이후 직면한 시장의 도전과 그에 따른 명확한 비즈니스 규칙의 부재는 이러한 사적 네트워크를 사업상 비공식적인 의사결정 방법으로 바꿔놓았다. "경제 변화는……새로운 형태의 부족, 즉 자금 부족을 해결하는 쪽으로 사적 네트워크의 사용이 전환되는 결과를 초래했다. 비공식적인 관행은 러시아 경제, 러시아 정부 및 러시아 국민 모두에게 장애물이자 자원이다."라고 알레나 레데네바 박사는 말한다.

　강력한 법치가 없는 상황에서 특히 최근 몇 년간 처분율이 약한 관행에 대한 대안으로 더 암울한 물물교환의 유형이 생겨나고 성장했다. 비즈니스 경쟁자, 혹은 정적에 대한 정보를 수집하여 사용하는 콤프로마트는 러시아에서 폭넓게 거래되는 것이다. 이는 반대파들을 제거하고, 의사결정 당국자들을 협박하며, 시장 지위를 확립하여, 불량 상인들과 제멋대로인 정치인들을 처벌하는 데 쓰이거나, 단순히 협상 과정에서 협상 도구로 사용되기도 한다. 러시아 안보국이 외국 정치 지도자들과 연줄이 있다고 추측하는 사람들이 많은 관계로 이 말은 최근 몇 년간 국제적으로 더 많이 퍼져나갔다.

개인적 인간관계

올바른 인맥은 러시아에서 사업의 성공과 실패를 좌우한다. 러시아 문화는 종종 '고맥락 문화'로 불리는데, 이는 관계와 호감, 혹은 신뢰를 구축한 후에 사업하는 모든 것으로 이해해볼 수 있다. 두 명의 러시아 사업가의 진술을 비교해보자. "우리는 투자 프로젝트의 비즈니스 사례인 실사, 비용, 로트를 준비하기 위해 몇 개월 동안 일에 매달립니다. 그러고 난 뒤에 우리 은행 회장님은 투자 프로젝트를 준비한 회사 대표와 사우나에 가시죠. 그들은 두 시간 뒤에 나오고 우리 회장님은 고객의 성격이 마음에 들지 않는다며 우리가 준비한 프로젝트를 진행하지 않겠다고 결정합니다. 수개월의 힘든 노력이 물거품이 되는 순간이죠. 너무 답답합니다. (모스크바 은행 투자 실장)"

"다른 회사의 CEO, 미래의 고객, 또는 하도급 업체를 만날 때 우리는 함께할 프로젝트에 대해 거의 이야기하지 않습니다. 예비 작업의 모든 세부 사항은 이미 우리 직원에 의해 이루어졌으니까요. 그 점에 대해서는 걱정하지 않습니다. 우리는 차나 더 진한 것을 마시며 30분 동안 최근 본 영화, 휴일, 혹은 자녀들의 교육에 관해 이야기합니다. 그러고 나서 우리는 서로 호감이 느껴지는지, 신뢰할 만한지 결정합니다. 그런 다음에 회의를 마치고 나와 직원들에게 프로젝트 진행 여부를 지시합니다." (상트페테르부르크의 건설회사 오너)

한 러시아 경제 주간지의 충고를 들어보자. "관공서의 불필

요한 요식에 맞서 싸우고 관료들의 공격으로부터 자기 자신을
보호하는 가장 확실한 방법은 당신이 일하고 있는 지역의 주
지사와 친구가 되는 것입니다."

직업관

소련의 역사 속에는 순수한 열정으로 의욕을 불사르며 쉬지
않고 일했던 수많은 사례가 있다. 이상주의에 가득 찬 수천 명
에 이르는 젊은 '공산주의 건설자들'은 혹독한 환경 속에서도
하루 12시간 일할 각오가 되어 있었다. 1950년대 카자흐스탄
의 경작지 개발과 1970년대 시베리아 BAM 철도 건설은 그 대
표적 사례이다.

그러나 많은 러시아 역사학자들과 연구원들은 러시아인들
이 지닌 다음과 같은 특성에 주목했다. 그건 바로 본성적으로
부족한 기업가 정신, 오랜 시간 아무것도 하지 않고 짧은 기간
격렬하게 활동할 수 있는 능력, 기업가와 부자를 향한 부정적
태도, 그리고 누군가 '그곳에서는', 그게 작은 마을이든, 도시
든, 혹은 나라가 됐든, 자신들보다 더 잘살고 있다는 확고한 믿

> ## • 이타심 •
>
> 1999년 러시아에서 에너지 부문의 개혁이 시작될 무렵 최대 에너지 회사인 RAO UES의 직원 만 4천 명 중 많은 수가 몇 달 동안 무급으로 일했다. 발전소에서 교대 근무로 일하는 것이 전력망의 안전과 러시아 시민들의 생명을 위태롭게 할 수 있음을 알고 있었기 때문이다.

음이다. 소련에서도 누구에게나 고용이 보장되지 않았으며 모두가 '공산주의 건설자'의 모범을 따른 것도 아니었다. 소련 시절 흔한 농담은 "우리는 일하는 척하고, 그들은 우리에게 돈을 주는 척한다."라는 것이었다.

소련 이후 러시아의 직업윤리는 어떻게 바뀌었을까? 젊은 러시아인들은 소련의 유산을 떨쳐버린 듯하고, 오히려 많은 이들은 엄청나게 야망을 품고 있다. 대도시에 있는 대기업, 특히 국제적인 기업에서 이러한 유형의 직업윤리를 접할 수 있을 것이다.

러시아 노동법은 해고에 관해서는 엄격하다. 직원을 해고할 수 있는 경우는 회사 정리, 정리해고, 수습 기간 미달, 기간제 계약 만료 등 네 가지에 불과하다.

러시아 주재 외국인 근로자에게 발급되는 모든 취업비자는 해당 직원의 보증인이 되는 직장과 연계되어 있으므로 직업을 바꾸면 새로운 비자를 신청해야 한다.

경영 문화

[계급과 서열]

공산당 서열은 지도자들에게 책임을 묻지도 않았고 국민과 상의하지도 않았다. 상부의 지시는 의심의 여지 없이 실행되었다. 오늘날 경영 문화에는 여전히 이러한 사고방식의 많은 부분이 존재한다. 이는 한 예로 보고체계에도 반영되어 있다. 엄격한 수직적 계층구조와 맨 위에 단 한 명의 의사결정권자가 존재하는 기존의 '지휘 및 통제' 체계는 여전히 지배적이다. 일반적으로 직원들은 누군가가 그들에게 무엇을 해야 하는지 말해주기를 기대한다.

세계 최고 경영대학원에서 MBA를 취득한 소규모 민간기업의 경영자조차도 책임을 위임하고 팀과 기업 목표를 공유하길 꺼린다. 공통적인 태도는 "문서에 있는 서명이 내 것인 만큼 내 책임이자 결정일 뿐이다."라는 것이다.

【 의사결정 】

공공부문의 기관과 대기업에서는 의사결정 과정이 매우 느리다. 주된 이유는 상급 기관이나 상위 부서의 마음을 움직여야 하고, 행여 잘못될 경우 처벌에 대한 두려움이 있기 때문이다. 20세기 스탈린의 숙청 기간, 러시아인들에게는 책임을 전가해야만 살아남을 수 있었던 서슬 퍼런 시절이 있었다. 수십 년 동안 소련 체제는 '처벌을 위한 법안 발의'라는 원칙을 따랐다.

• 상사를 기다리며…… •

사마라에 있는 한 개인 회사의 사무실을 방문한 미국인 사업가는 아침 10시에 직원 5명의 막강한 팀이 여유롭게 차 마시는 모습에 깜짝 놀랐다. "우리 모두 보스인 이고르를 기다리고 있습니다."라고 비서가 설명했다. "회계사인 직원은 보스의 서명 없이는 은행에 갈 수 없고, 영업팀도 그분의 지시를 기다리고 있으며, 저 역시 그분의 명령 없이는 아무것도 할 수 없습니다."

그 결과 소련의 '경제 기계'를 직접 경험한 기성세대 경영자들은 위험을 감수하고 결정을 내리는 걸 꺼리는 경우가 허다하다. 예순 살 임원의 '예스'는 서른 살 중역의 '예스'와 사뭇 다르다는 뜻이다.

사기업에서는 젊고 역동적인 경영 방식을 통해 의사결정을 더 빨리 내릴 수 있다. 충동적인 의사결정 또한 빠른 의사결정을 돕는다. 의사결정자를 직접 대할 때 가끔 의사결정이 얼마나 빨리 이루어지는지 놀라워하는 경우도 본다.

여성 사업가

러시아 노동력의 약 46%는 여성이 차지하고 있다. 상근직으로 일하며, 몇 대째 가족을 돌보고, 가정을 운영했던 소련의 경험은 유용하게 쓰이게 되었다. 여성들은 창의적 예산, 다중 작업, 지략, 끈기 등 '이양 가능한 기술'을 자신의 기업을 설립하는 데 사용했다. 그 결과 모스크바에 본부를 둔 러시아 기업주 연맹에 따르면 러시아 전체 등록 기업 89만 곳 중 약 40%가 현재 여성 소유이다. 그 여성 사업가 중 거의 절반이 가족 전체를 부양하고 있다.

심리학자인 줄리아 볼리나는 말한다. "나는 러시아 여성들을 존경합니다. 운명에 뒤틀리고, 체제에 의해 무너지고, 종종 이혼하고, 아이들을 혼자 키우면서도, 여성들은 아름다운 창조적 에너지로 그들의 고달픈 일에서 벗어날 만큼 매우 강인하죠."

여성들이 회사에 다니기보다 자신의 사업을 시작하는 데는 또 다른 이유가 있다. "러시아에서 여성은 일정 수준에만 도달할 수 있습니다. 최고 수준의 플레이는 남성의 전유물이죠. 남성 뒤에 있는 여성의 위치는 러시아 정교회에, 또 가족 단위에 그대로 반영되어 있어요. 푸틴이 '전통적 가치'에 점점 더 힘을 실으면서 여성이 타격을 입게 되었죠. 사업하는 여성은 지도자가 되기 위해 남성 동료보다 더 전문적이어야 해요. 여성의 성공은 종종 기회가 만들어낸 성과로 평가되고, 여성의 권위는 규

엘비라 나비울리나, 중앙은행 총재

칙의 예외로 인식됩니다."라고 러시아 정치인 이리나 하카마다 씨는 말한다.

러시아에서 최고경영직에 있는 여성을 보기는 여전히 드문 일이지만 예외는 있다. 러시아 중앙은행 총재인 엘비라 나비울리나가 바로 그 예에 해당한다. 여성들은 여전히 차별에 직면해 있다. 남녀의 동일 임금 원칙이 헌법에 명시되어 있다지만 현실적으로 항상 강제성이 있는 건 아니다. 여성들은 종종 비서와 같은 '전통적인' 역할에 국한된다. 여성들이 하기에는 너무 힘들 것 같다는 이유로 특정 직업에 대해 선택을 금지하는 '보호법'도 있다. 예를 들어 모스크바 지하철에서 당신은 그 어떤 여성 기관사도 찾아볼 수 없을 것이다. 러시아 법 역시 성희롱을 금지하고 있다. 하지만 사실상 강제성은 거의 없다. 마치 여성은 모든 게 딸린다는 듯이 러시아어에서 '올리가르히' 같은 단어에는 여성형도 존재하지 않는다.

회의

"옷에 따라 인사하고 마음에 따라 작별 인사를 한다."라는 러시아 속담이 있다. 러시아인들에게 이미지는 매우 중요한데, 특히 첫인상이 그러하다. 보수적인 검은색 정장을 입는다. 그들은 신발, 벨트, 시계, 넥타이를 자세히 들여다볼 것이다. 회의에서 좋은 인상을 주고 싶다면 잘 정돈되어 있는지 반드시 확인하자. 주최 측이 제안하지 않는 한 협상 중에는 재킷을 벗지 마라. 어쨌든 재킷을 벗으라는 제안은 좋은 징조이다. 공식적인 부분은 끝났고, 이제 실제적이고 세부적인 사항이 시작되었음을 의미하기 때문이다. 이는 격식을 조금씩 벗어던지자는 주최 측의 요청이라고 이해하면 된다.

명함의 한쪽 면을 러시아어로 인쇄하는 건 매우 좋은 생각이다. 되도록 학위와 자격증을 명시하라. 러시아인들은 대부분 교육과 전문성을 존중한다.

러시아의 위계질서 또한 그들의 인사말에 반영되어 있다. 부하 직원은 상사에게 먼저 인사하고, 방문자는 그가 방문하는 회사의 직원을 가장 먼저 맞이하도록 하며, 당신이 막 사무실에 들어왔다면, 먼저 들어온 사람에게 인사해야 한다. 하지만 상대방이 먼저 악수를 청하며 손을 내밀 때까지 기다리는 게 좋고, 문턱에서는 절대 악수하면 안 된다는 사실을 명심할 것. 그러면 회의 분위기가 좋아질 수 있다. 러시아에서는 여성들과 악수하는 건 여전히 드문 일이다. 따라서 만에 하나 아무도 당신에게 악수를 청하지 않는다고 해도 불쾌해하지 말자.

【 타이밍 】

'시간은 돈'이라는 말은 적어도 러시아 현실은 반영하지 않는다. 당신의 신체 리듬은 모스크바에 도착한 비행기에서 내린 후 달팽이처럼 느린 입국심사 줄에 합류하는 순간부터 이미 느려진다. 이는 시간 엄수에 대한 편안한 태도에서 드러난다.

회의가 늦게 시작되거나 마지막 순간에 취소될 수도 있다는 점을 각오하자. 비서가 '한 시간 내에' 다시 전화 달라고 되풀이하여 요청하거나, 상사가 '지금 당장' 전화할 것임을 세 번째 알려줄 때쯤 경기 시작 준비를 하면 된다. 러시아 사람들은 온종일 기다려야 할 경우를 대비해서 아침에 가장 먼저 회의를 계획하라고 충고한다. 러시아 수도의 끊임없는 교통체증은 지각한 이유에 대한 핑계로는 으뜸이다. 회의 자체가 예상보다 길어질 수도 있으므로 적절하게 시간을 계획하라. 회의를 줄이고 서둘러 다른 회의로 가는 건 무례한 행동으로 비친다.

18세기 초 표트르 대제는 "나는 상원 의원들이 종이에 쓰인 대로 읽지 말고 자신의 말로 얘기함으로써 각자의 어리석음이 분명해질 수 있도록 요구한다."라고 말했다.

오늘날에도 마찬가지다. 러시아에서 상대 회사에 좋은 인상을 주고 싶다면 프레젠테이션을 읽지 말고 천천히 또렷하게 말하면서 눈을 마주쳐야 한다. 반응이 없다고 단념하지 말자.

• 기분 좋은 깜짝 선물 •

한 영국 제조 회사의 대표단이 잠재적인 러시아 파트너에게 프레젠테이션을 하기 위해 모스크바로 날아갔다가 심란해져서 런던으로 돌아왔다. 러시아인들은 단 한 번의 질문도 하지 않았고 심지어 영국 회사 책임자의 농담에도 웃지 않았다. 사실 그들의 발표에 대한 유일한 언급은 "감사합니다. 연락드리겠습니다."라는 열의라고는 눈곱만큼도 느껴지지 않는 한마디뿐이었다. 2주 후, 회사 책임자는 놀랍게도 러시아인들이 프레젠테이션을 정말 좋아했고, 그들의 상무이사가 즉시 계약하기 위해 런던으로 날아갈 것이라는 내용의 팩스를 받았다.

종종 첫 프레젠테이션은 예비 단계로 여겨지므로 러시아 측에서 결정을 내리기 전에 당신이 제시한 수치를 심사숙고하고, 심지어 확인할 수도 있다. '믿어도 검증하라'는 말은 러시아에서 꽤 자주 듣게 되는 말이다.

"반갑게 보이도록 노력하십시오. 엄숙한 표정으로 방문자를 놀라게 하지 마세요. 당신이 진정한 전문가라면 여전히 체면을 구기지 않을 수 있습니다." 이 말은 델로보이 프로토콜 에이전시가 러시아 사업가들에게 던지는 조언이다.

약속

러시아인들은 종종 전화나 메시지에 답장하는 것을 잊거나, 단순히 약속한 내용을 전달하지 않는다. 러시아에서는 개인적인 관계가 중요하기 때문에 이는 종종 '아니요'라고 말하는 대신 물어보는 사람을 화나게 하지 않기 위해 하는 행동이기도 하다. 그러니 아무것도 짐작하려 들지 말고, 화내지도 말고, 인내심을 가져보자.

한 러시아의 매니저가 런던에 있는 친구에게 전화를 걸어

히스로 공항에서 만나자고 부탁했다. 공항에 도착해 보니 입국 라운지에 모스크바 동료를 기다리고 있는 사람이 자신 말고도 두 명이나 더 있었다. "세 사람에게 물어봐야겠다는 생각이 들었어. 한두 명이 잊어버리고 안 나타날 때를 대비해야 하니까." 이 말은 런던에 도착한 모스크바 사람이 나중에 한 말이었다.

사업상 선물

선물은 러시아에서 비즈니스 문화의 중요한 부분이다. 델로보이 프로토콜 에이전시의 수치에 따르면 사업가는 그의 파트너, 동료, 부하 직원들에게 매년 약 200개의 선물을 주어야 한다. 그리고 이것은 기업 기념품을 제외한 개수다.

남성은 국제 여성의 날 축하 행사 기간에 여성 동료 및 부하 직원에게 선물을 주어야 하고, 상사와 동료의 생일이나 2월 23일 전통적으로 남성 모두를 축하하는 조국 수호자의 날에는 남성에게 선물을 주어야 한다.

비즈니스 상황에서 선물을 교환하게 되면 바로 상자를 열지 않아도 된다. 그러나 집에서 받은 생일 선물인 경우 선물을 풀고 바로 기쁨을 표현해주는 게 좋다. 사업 상황에서는 사무실 보안상 내용물을 검사할 수 있으므로 손상될 우려가 있는 종이나 포장지보다는 상자가 좋다. 마지막으로 회의가 끝나고 선물을 교환할 때는 비록 근무일이라 피곤하더라도 저녁 식사 초대를 거절하지 말자. 저녁 식탁에서 건배하는 것 역시 신뢰를 쌓는 활동이다.

협상

다른 그 어떤 나라보다 '아니요'라는 단어를 더 많이 사용하고 공식적인 비즈니스 상황에서는 웃으면 위신이 떨어진다고 생각하는 협상가들을 마주하더라도 간단한 규칙을 따른다면 부담을 덜 수 있다.

- 일에 바로 뛰어들지 마라. 자칫 무례하게 보일 수 있다. 당신은 비행기 여행이나 호텔, 시차로 인한 피곤함 등 시시콜콜한 질문을 받게 될 것이다. 이런 잡담은 중요한 준비운동처럼 늘 치르는 의식이다. 그것은 받는 쪽의 환대를 보여주

기도 하고, 또한 상대방이 당신을 평가할 기회를 준다.

- 러시아에는 "중간에서 말을 바꾸지 마라."는 격언이 있다. 이 사실을 기억하고 가능하면 협상팀을 변경하지 마라.

- 협상에 대한 계층적 접근에 대비하라. 러시아 팀은 10명의 전문가로 구성되더라도 팀장의 요청이 없는 한 입을 거의 열지 않을 것이다. 팀 내 적절한 연공 서열의 리더를 두고 이러한 접근 방식을 반영하도록 노력한다.

- 러시아 협상단은 일반적인 원칙에 먼저 동의하고 나서 프로젝트 전체를 살펴본 후에 세부 사항 논의에 들어가는 경향이 있다. 세부 사항, 일정, 마감일처럼 세세한 사항에 초점을 맞춰 가는 서구의 순차적 접근법은 러시아인들 눈에는 다소 짜증스럽게 보일 수 있다. 초반의 발표 내용을 작성할 때 이를 염두에 두는 게 좋다. 초반의 내용은 전체에 대한 밑그림 정도로 여길 것이다.

- '최소한의 양보로 처음의 요구를 극대화'하는 것은 러시아 협상가가 종종 선택하는 전략이다. 20세기 초 철학자 니콜라이 베르댜예프는 러시아가 '중용'을 인식하지 못하는 점을 지적하는 글을 썼다. 러시아 국민성은 양극단에 있을 뿐 상호 양보하는 데 있지 않다. 논리적 분석조차도 비교

가 아닌 반대에 기반한다. 타협이 나약함의 표시로 여겨지기 때문이다.

- 당신의 상대는 전문적인 지식, 경험 및 견고함을 존중할 것이다. 공항으로 떠나기 30분 전 마지막 회의 때까지도 최종 협상가는 남겨둔다. 체면 유지는 러시아인들에게 대단히 중요하므로 전투를 현명하게 선택하도록 한다. 어떤 이슈들이 정말 방어할 가치가 있는지 결정하라.

- 윈스턴 처칠은 "러시아인들은 적과 친구 모두에게서 자신들의 비밀을 똑같이 지킨다."라고 썼다. 비록 친구, 파트너, 이웃들로부터 모든 것을 멀리하는 경향은 줄어들고 있지만, 러시아 동료들은 종종 그들이 어느 정도까지 정보를 제시해야 할지 모르기에 여전히 비밀스럽게 보일 것이다. 더 자세한 정보가 필요하면 요청하자.

- 러시아식 의사소통 방식은 감정적이고 직접적일 수 있다. 가장 좋은 시나리오로 '아니요'를 많이 사용하고, 최악의 경우로 목소리를 높이거나 긴 침묵을 유지하는 것이다. 인내하라. 처음 거절당한 후에도 포기하지 마라. 주제를 바꾸고 시간을 넘긴 후 처음 경합한 문제로 돌아가자.

- "우리는 귀사에 적절한 가격을 제시하고 있습니다."라든가

"우리의 제안은 관대한 것 이상입니다."와 같은 문구들은 러시아인들에게는 잘난 체하는 것으로 인식될 수 있고, 또 다른 감정 폭발을 일으킬 수 있다는 사실을 명심하라.

계약

"계약(합의)은 금전 이상의 대가를 치른다."라는 러시아의 속담을 액면 그대로 받아들이자. 절차를 잘 따르지 않으면 계약은 실제 예상했던 것 이상의 비용을 발생시킬 수 있다. 구두로 한 약속에 의존해서는 안 된다. 장기적으로 신뢰 관계가 형성된 관계라도 구두 계약과 같은 방법은 바람직하지 않다.

계약서는 쉽고 간단하게 작성하고 가능한 한 러시아 법률 표준을 준수한다. 당신이 계약서를 더 복잡하게 만들수록 누군가는 그것을 더 쉽게 파기할 방법을 찾을 것이다. 계약서는 러시아어와 영어로 작성하고 각각 서명한다. 서명하기 전에 반드시 비교해보는 게 좋다. 회사에서 쓰는 셀프잉킹sef-inking 고무도장을 지참하도록 한다. 공식 서명 확인용으로 제격이다.

간혹 협상의 예비 단계에서 '의향 조서'에 서명하라는 요구를 받게 될 수도 있는데, 이는 일반적으로 법적 효력을 갖지는 않으며, 사실상 회의에서 합의된 핵심 내용과 향후 실행 계획을 요약한 것에 불과하다.

의견 차이의 관리

사업상 의견 차이가 발생할 경우 러시아인들은 러시아에서는 거의 모든 문제가 해결될 수 있다고 믿는다는 점을 기억해두자. 인내는 러시아에서 사업할 때 가져야 할 가장 중요한 기술이고 종종 그만큼 보답을 받는다.

중재 재판소는 수두룩하게 많은 계약 문제를 다루는 사건을 심리하고, 다른 법원과 독립적으로 운영된다. 그러나 상업 법정의 평균 소송 기간은 대략 6개월이 소요된다. 러시아인은 개인적으로 해결하는 데 실패한 경우에만 마지막 수단으로서 중재를 사용하고자 한다. 러시아 노동법은 직장에서 해고를 어렵게 만들고 노동자의 권리를 대부분 잘 보호한다. 모든 종류의 차별은 직장에서 불법이다.

09

의사소통

개인적인 의사소통은 러시아인의 또 다른 모순을 한 겹 더 드러낸다. 낯선 사람에게는 미소
를 짓지 않지만, 친구에게 건네는 미소는 언제나 따뜻하고 진실하다는 것. 거리에서 눈을 마
주치는 행위는 피하지만 사업상, 또는 개인적으로 의사소통이 부족하면 수상쩍게 생각할 정
도는 아니더라도 무례하다고 느낀다.

언어

러시아어는 동유럽, 코카서스, 중앙아시아에서 널리 사용되는 동슬라브어로서 러시아, 벨라루스, 카자흐스탄, 키르기스스탄의 공용어다. 이 아름답고 풍부한 언어는 슬라브어 중에서 가장 널리 사용되는 언어이며, 약 1억 4천 4백만 명의 사용자가 사용하는 것으로 추산된다. 다른 주요 동슬라브 언어로는 우크라이나어와 벨라루스어가 있다. 이 세 언어는 모두 중세 키예프 공국의 언어인 공통 뿌리에서 유래했다. 러시아어는 지역 사투리라는 측면에서 상당히 동질적이다. 엄청난 지리적 거리가 있는데도 표준어가 거의 모든 곳에서 사용되며 모두 33개의 문자로 이루어진 키릴 문자가 쓰인다. 러시아어는 국제우주 정거장에 있는 두 개의 공용어 중 하나다. NASA의 우주비행사들은 보통 러시아어 수업을 듣는다.

높임말과 반말

러시아어에는 두 가지 형태의 호칭이 있다. 공손한 2인칭 복수

형 'Vy'와 편안한 2인칭 단수 'ty'이다. 누군가를 처음 만났을 때 'ty' 형태를 사용하는 것은 상대가 매우 어리지 않는 한 무례한 것으로 여겨진다. 편안하게 말을 놓자고 청할 때, 즉 원어민과의 우정이 더 따뜻하고 친밀한 수준에 이르기 전까지는 항상 공손한 형태의 호칭을 사용하는 게 좋다.

공손한 형태인 'Vy'는 아빠의 이름과 접미사, 즉 여자는 'ovna'/'yevna' 그리고 남자는 'ovych'가 붙는다. 예를 들어 이리나 세르게이예프나는 '세르게이의 딸, 이리나' 이고르 알렉산드로비치는 '알렉산드르의 아들 이고르'란 뜻이다. 특히 공식 업무 상황에서 누군가의 이름을 부르는 건 결례다. 항상 당신보다 나이가 많은 사람은 아버지의 이름을 딴 이름으로 불러주길 권한다.

러시아에는 Mr., Mrs. 또는 Miss와 직접적으로 똑같은 표현은 없다. 이전의 남녀 모두에게 사용하던 '따바리시(동무)'는 이제 구식이 된 지 오래다. 복원된 혁명 이전의 호칭인 '가스파딘'(Mr.)과 '가스파자(Mrs, Miss)'가 훨씬 더 보편화되고 있는 추세다.

공공장소에서는 낯선 사람에게 접근하는 재미있고 창의적인 방법이 있다. 가게나 대중교통을 이용하는 정년 전 여성은 누구나 '제부시카(소녀 또는 아가씨)'라고 불리고, 남성은 '회색 모자를 쓴 남자'나 '갈색 가방을 든 남자'와 같은 이름으로 불릴 수 있다. 레스토랑에서 웨이터나 웨이트리스에게 전화를 걸어야 한다면, 여성에게는 '제부시카'를, 남성에게는 '말라도이 첼라베크(젊은이)'를 사용할 수 있다.

【 속어/욕설 】

이런 모순은 어떤가? 러시아어는 감정을 표현하는 어휘가 세계 그 어느 언어보다도 풍부하고, 문학은 은유와 기발한 구성들로 가득 차 있으며 표현력은 거의 상상을 뛰어넘는 수준이다. 그러나 흔히 사용되는 속어인 '마뜨'는 대부분의 욕구와 생각을 약 10개의 욕설로 조합하여 표현할 수 있다. 그렇다고 기껏해야 욕설인 수준도 아니다. 마뜨는 사회의 모든 계층에서 사용된다. 지식인들에게는 무례한 유머로, 최고경영자들에게는 스트레스를 푸는 방법으로, 그리고 슬프게도 많은 젊은이는 가장 간결한 의미를 전달하기 위해 사용한다. "고백하자면 나는 '비문학적인' 단어를 많이 씁니다. 그렇다고 사람을 모욕하려는 건 아닙니다. 정말이지 그러진 않을 겁니다. 내게 그건 그저 문장 사이의 접속사에 더 가깝습니다." 전 모스크바 시장인 유리 루시코프가 한 말이다.

【 러시아어로 말하기 】

공손한 러시아식 인사로 하루를 시작한다면 당신은 연속된 자음에 의해 러시아 버전의 '간장공장 공장장은……', 즉 혀가 꼬여 발음하기 어려운 '잰말놀이'에 말려들 것이다. '즈드라스트부이쩨'(안녕하세요)'. 이 말은 혀를 굴리며 '도브러예우뜨러'' 또는 '도브르이젠'으로 대체하면 발음하기가 훨씬 쉽다. 언어

구조가 당신을 방해하지 않도록 주의하면서 가장 간단한 인사말과 일상 표현을 배우도록 노력하라. 그러면 감사할 것이다.

"저는 미국인과 영국인을 구별할 수 있어요, 비록 그가 러시아에서 오랫동안 살아서 억양은 추적할 수 없다고 하더라도 말이죠." 한 러시아 교수가 한 말이다. "미국인들은 너무 자주 웃어요, 불필요할 정도로요. 영국인들은 모든 러시아 말을 '이즈비니띠'(미안합니다 / 실례합니다)'로 시작합니다."

러시아 파트너들이 서로 이야기할 때 격렬하게 주고받는 대화에 지체하지 마라. 러시아의 토론은 빠르고 우렁차서 외국인에게는 간혹 다투는 것처럼 들린다. 또한 문장의 끝에서 억양이 떨어지기 때문에 공격적이지는 않더라도 단정적으로 들리기도 한다.

개인적인 의사소통은 러시아인의 또 다른 모순을 한 겹 더 드러낸다. 낯선 사람에게는 미소를 짓지 않지만, 친구에게 건네는 미소는 언제나 따뜻하고 진실하다는 것. 거리에서 눈을 마주치는 행위는 피하지만 사업상, 또는 개인적으로 의사소통이 부족하면 수상쩍게 생각할 정도는 아니더라도 무례하다고 느낀다.

【 영어로 말하기 】

영어는 현재 대부분의 학교에서 학생들이 제2외국어로 배우는 언어다. 모스크바와 상트페테르부르크 같은 대도시에서는 적어도 기초적인 영어를 구사할 수 있는 사람을 찾는 건 어렵지 않다. 이 사실은 무척 고무적이긴 한데, 영어를 사용하는 러시아인 중에는 종종 느닷없고 무례해 보이는 경우가 있다. 이는 '부탁해요'와 '감사합니다'와 같은 영어식 표현을 거의 사용하지 않아서 생기는 문제로 요청도 명령처럼 들리게 만든다. 사실 이것은 전혀 의도하지 않은 상황이다. 러시아인들의 말투가 직접적이고 외국인에게 간혹 무례하게 보일 수 있는 이유는 순전히 러시아어 구조를 이용해 영어 단어들을 함께 묶은 결과에 불과하다.

젊은 러시아인들은 영어 말하기 연습을 좋아한다. 따라서 영어로 수다 떨 기회가 생기면 대부분은 마다하는 법이 없다. 나이 든 러시아인들에게 외국어는 여전히 낯설다.

가까이 더 가까이

수년간의 공동생활은 사람들이 대화하면서 친밀한 공간을 유지하는 게 몸에 배어들도록 만들었다. 당신은 러시아인들이 불편하게, 심지어 처음 보는 사람들조차 그럴 필요가 없어 보이는데도 당신과 가까이 붙어 서 있는 상황을 발견하게 될 수도 있다. 만약 그들이 당신을 잘 안다면 버릇처럼 어깨를 토닥이거나 포옹할 수도 있다. 여자들이 팔짱을 끼고 걷는 것도 여기선 꽤 자연스럽다. 대중교통 안에서, 혹여 줄에 새치기하는 사람을 보더라도 밀쳐내지는 말자.

이런 습관은 출근하기 위해 버스나 기차에 '뛰어오르거나 혹은 뛰어내리거나', 아니면 겨울에 아이에게 제철 과일을 사다 주기 위해 긴 줄을 서곤 했던 소련 시절의 버릇이 튀어나온 것이다. 줄을 서서 기다릴 때, 당신도 기다리는 중임을 분명히 하기 위해서 또 다른 사람들이 여러분 앞에 발을 못 들이게 하려면 앞에 바짝 붙어 서 있어야 한다.

악수는 가장 흔한 인사이며, 특히 가까운 친구와 친척들을 위한 입맞춤과 포옹과 더불어 언제든 준비되어 있는 게 좋다. 다만 앞서 봤듯이 문턱을 사이에 두고 악수하는 것만 피하자.

러시아에서 인터넷 사용은 적어도 대도시에서만큼은 무척 인
상적이다. 2016년 7월 이래로 이 나라 인구의 76.4%가 인터넷
사용자다. 특히 공공장소에서의 와이파이 사용은 유럽 내 대
부분의 도시보다 더 인상적이다. 예를 들어 모스크바 지하철
은 도시의 통근자들에게 완벽한 인터넷 서비스를 제공하는데,
당신이 지하에 얼마나 멀리 있는지 가늠해 본다면 입이 떡 벌
어질 것이다. 현재는 대다수 카페와 식당 역시 고객들에게 와
이파이를 제공하고 있다.

미디어

【 텔레비전과 라디오 】

텔레비전은 러시아에서 매우 인기 있는 매체로 인구의 약
74%가 전국 지상파 채널을, 그리고 59%는 지역 채널을 시청
한다. 이 나라에는 총 3,300개의 텔레비전 채널이 있다. 이중
채널 1, 러시아-1, NTV, 이 세 개 채널이 전국적으로 방송되
고 있다. 첫 두 개 채널은 국영 채널이고, 세 번째는 가스프롬

미디어 소유다. TV Rain으로도 잘 알려진 도즈드는 이 나라에서 가장 유명한 민간 독립 텔레비전 방송국이다.

2018년 레바다 센터의 여론조사에 따르면 텔레비전은 러시아인들에게 가장 큰 뉴스 출처로 73%가 텔레비전을 통해 뉴스를 접하고 있으며, 응답자의 거의 절반은 텔레비전 뉴스를 신뢰한다고 응답했다. 반면 젊은 러시아인들은 온라인 뉴스 매체를 더 신뢰하는 것으로 나타났다.

라디오 또한 인기가 있다. '모스크바 에코'는 러시아에서 꽤 많은 도시에 방송을 내보내고 있는 모스크바에 기반을 둔 인기 방송국이다. 방송국 콘텐츠의 대부분은 사회적, 정치적 이슈에 초점을 맞춘 토크쇼로 구성되어 있으며 다양한 관점을 드러내려고 노력하는 것으로 잘 알려져 있다. 모스크바에서만 거의 백만 명의 사람들이 매일 이 방송국의 음악을 듣고, 방송국 웹사이트에는 매일 약 70만 명의 청취자가 방문하고 있다.

【언론】

언론은 러시아에서 지속적으로 압력을 받는 매체다. 국경없는 기자회는 러시아가 2018년 언론자유 대상 179개국 중 148위로, '독립 언론인들에게 매우 숨 막히는 분위기'라고 평가했다. 엄격한 법 적용과 웹사이트 차단은 2011년과 2012년의 반정부 시위 이후 독립 매체에 대한 압력이 꾸준히 증가했음을 바로 보여주는 예가 되겠다. 독립 뉴스 매체들은 정부의 직간접적인 통제를 받거나 아예 폐간된다. 이 나라의 독립 언론인들은 협박, 폭력, 심지어 살인에 직면할 수도 있다.

〈콤소몰스카야 프라브다〉 신문은 콤소몰 청년 단체가 설립한 전국 일간지로 하루 발행 부수는 70만에서 310만 부다.

〈베도모스티 비즈니스 데일리〉는 〈파이낸셜 타임스〉와 〈월스트리트 저널〉의 자금 지원을 받았으나, 두 회사 모두 2015

일간지 <마스콥스키 프라브다>는 1918년에 출간되기 시작했다.

년 해외 언론사가 지분을 20% 이상 소유하지 못하도록 한 러시아 미디어 소유법 개정을 앞두고 지분을 모두 매각했다. <베도모스티 비즈니스 데일리>는 여전히 인기 있는 신문으로 중요한 경제, 정치, 금융 및 기업 관련 이슈와 관련된 상세하고 객관적인 보도는 물론이고 심층 분석과 예측도 하고 있다.

<코메르산트>는 1909년 볼세비키당이 집권한 후 1919년 검열이 도입되기 이전에 처음 발행된 정치와 사업 관련 이슈 전문 매체다. 이 신문은 현재 우즈베키스탄 태생의 러시아 재계 거물인 알리셰르 우스마노프가 소유하고 있다.

〈로시스카야 가제타〉, 즉 러시아 공보는 러시아연방 정부에 의해 설립된 간행물이다. 주 결의안에 따라 발행되었는데, 이 보고서는 일간 뉴스, 정부 관리의 특별 보고서 및 인터뷰, 국가 문서에 관한 전문가 논평을 다룬다.

〈모스콥스키 콤소몰레츠〉는 모스크바에서 발행되고 러시아연방의 89개 지역에서 유통되는 일간 타블로이드판이다. 이 신문은 주로 러시아 정치와 사회에 대한 선정적이고 자극적인 기사를 다룬다.

서비스

[전화]

"전화기를 들고 상대방 대답을 기다리지도 않은 채 '알로, 알로, 알로'를 외친다면, 당신은 이미 러시아에서 살 만큼 살았다는 걸 알고 있을 겁니다." 인터넷 농담이다. 러시아에서는 종종 전화를 건 사람도 자기가 누구인지 말하지 않는다. 이를테면 "그에게 전화해 달라고 해!"라고 말하거나 "이리나 거기 있니?"와 같은 식이다. 이는 러시아인들이 전화 거는 전형적인 예시다.

러시아와 전화의 관계는 바로 당신 짐작대로 모순적이다. 러시아인들의 떠들썩한 말투와 저렴한 시내 전화 요금을 생각할 때 문득 대화가 몇 시간이고 오고 갈 것 같지만, 전화는 신뢰받지 못한다. 간혹 전화선이 도청되어 대화가 노출되었을 것이라고 생각하는 사람들이 적지 않다. (그리고 근거가 없는 것도 아니다.) 이런 이유로 전화 통화가 중간에 멈출 수 있고, 아직 못다 한 말이 있어 거래를 성사시키고 싶다면 전화에 의존해서는 안 된다.

러시아 사람들은 자동응답기와 대화하는 것을 좋아하지 않는다. "기계는 사람의 목소리를 대신하지 않는다." 이는 사람들이 흔히 하는 말이다. 당신의 자동응답 기계에 걸려온 부재중 전화 말투에 실망하지 않길 바란다. "메시지는 없는데 한숨과 함께 딸깍 소리만 난다면 러시아 친구라는 걸 알아요." 미국의 한 대학교수가 말했다. 마찬가지로 누군가의 기계에 메시지를 남겨도 즉각적인 답신은 기대하지 않는 게 좋다.

당신에게 러시아인 비즈니스 파트너가 있다면 이미 휴대전화의 저주를 경험했을 것이다. 협상과 프레젠테이션은 종종 불청객처럼 걸려온 중요한 통화로 중단되곤 한다. 그렇다 하더라도 협상을 중단시키는 행위는 자칫 무례해 보일 수 있다.

러시아에서 휴대전화 회사 간 전쟁이 한창 치열하다. 네트워크 사용자들에게는 꿀 같은 소식일 수도 있는데, 러시아 내에서 휴대전화를 사용한다면 값싼 요금제와 패키지들이 많다. 아니, 정확하게 말하면 러시아의 주요 도시 내에서 시골 지역에 나타나는 모바일 신호 강도는 딱 세 개다. 약함, 형편없이 약함, 신호 없음.

[우편]

러시아 우편은 주요 우편 서비스다. 느리고 신뢰할 수 없는 편이다. 그러니 특히 해외에서 귀중하거나 긴급한 것을 보내거나 받아야 하는 경우에는 DHL과 같은 민간 회사를 이용하는 것이 가장 좋다. 이 회사들은 훨씬 더 비싸지만 소포가 안전하게 도착하거나, 안 그러면 아예 도착할 일이 없도록 보장해줄 수 있는 유일한 방법이다.

결론

처음으로 러시아를 여행할 때 당신은 당신이 본 뉴스와 당신이 들은 음악, 또는 당신이 읽은 책에 기반하여 나름의 선입견을 품고 출발하게 될 것이다. 우리는 이 책을 통해 당신의 이해를 넓히고 독자가 더 관대하며 감사할 줄 아는 여행자로 이끌었기를 바라마지 않는다. 러시아의 영혼을 발견하는 것은 마치 러시아의 인형인 마트료시카를 하나씩 열어 그 안에 있는 보석을 찾아내려 구슬땀을 흘리는 것과 다르지 않다.

당신은 모스크바의 블링블링한 투소프카(파티) 너머 회색빛의 교외 공동주택지를 바라볼 수도 있고, 상트페테르부르크 여름 궁전의 호화로운 웅장함과 붐비는 거리를 지나치는 행인들의 심각한 표정을 이해할 수 있을 것이다. 마침내 가장 작은 인형과 마주했다면 이제 그 안에서 보물, 즉 강인한 정신, 연민, 따뜻함에 푹 싸인 진정한 러시아를 발견하게 될 것이다. 그 후로 당신은 러시아에서 1년 정도 산 후에 어느 프랑스 남자가 여자 친구에게 보낸 편지와 비슷하게 집에 편지를 쓰게 될지도 모른다. "사랑하는 네이딘, 제발 와서 나를 끌고 가줘. 안 그러면 난 영원히 여기 있을 거야. 러시아다움에는 전염성

이 있어. 그것은 당신 안에서 자라나 어느새 이 나라에 깊이
정들어. 그래서 이곳에 머물고 싶어져. 결코 떠나고 싶지 않아."

키릴 문자	영어	발음
A a	A a	arm처럼 발음
Б б	B b	box처럼 발음
В в	V v	victory처럼 발음
Г г	G g	ghost처럼 발음
Д д	D d	day처럼 발음
Е е	YE ye	yes의 'ye'처럼 발음
Ё ё	YO yo	yonder의 'yo'처럼 발음
Ж ж	Zh zh	pleasure처럼 발음
З з	Z z	zoo처럼 발음
И и	EE ee	see처럼 발음
Й й	I i or Y y	boy의 'y'처럼 발음
К к	K k	kind처럼 발음
Л л	L l	line처럼 발음
М м	M m	man처럼 발음
Н н	N n	night처럼 발음
О о	강세 있는: O o 강세 없는: A a	core처럼 발음 bar처럼 발음

키릴 문자	영어	발음
П п	P p	pot처럼 발음
Р р	R r	(굴려서 발음한) rural처럼 발음
С с	S s	sun처럼 발음
Т т	T t	time처럼 발음
У у	U u	soon처럼 발음
Ф ф	F f	free처럼 발음
Х х Ц ц	H h, KH kh TS ts	(스코틀랜드어) loch처럼 발음 hats처럼 발음
Ч ч	CH ch	church처럼 발음
Ш ш	SH sh(강하게)	she처럼 발음
Щ щ	SH sh(약하게)	pushchair처럼 발음
Ъ ъ	Hard sign(경음표)	앞 글자는 경음이다.
Ы ы	I i	if처럼 발음
Ь ь	Soft sign(연음표)	앞 글자는 연음이다.
Э э	E e	bet처럼 발음
Ю ю	YU yu	you의 'y'처럼 발음
Я я	YA ya	yahoo처럼 발음

참고문헌

Figes, Orlando. *Natasha's Dance: A Cultural History of Russia*. London: Allen Lane, Penguin Books, 2002.

Hoffman, David. *The Oligarchs: Wealth and Power in the New Russia*. New York: Public Affairs Press, 2002.

Hosking, Geoffrey. *Russia and the Russians: From Earliest Times to 2001*. London: Penguin Books, 2002.

Ledeneva, Alena V. *How Russia Really Works: The Informal Practices That Shaped Post-soviet Politics and Business*. Ithaca, New York, and London: Cornell University Press, 2006.

Lovell, Stephen. *Summerfolk: A History of the Dacha, 1710–2000*. Ithaca, New York, and London: Cornell University Press, 2003.

Nordbye, Masha. *Moscow, St. Petersburg and the Golden Ring*. Hong Kong: Odyssey Guides, 2007.

Reid, Anna. *The Shaman's Coat: A Native History of Siberia*. London: Orion, 2003.

Service, Robert. *A History of Modern Russia: From Nicholas II to Putin*. London: Penguin Books, 2003.

추천 언어학습 책

Crosbie, Elena V., and Sarah Smyth. *Rus'. A Comprehensive Course in Russian*. Cambridge: Cambridge University Press, 2002.

Wade, Terence. *A Comprehensive Russian Grammar*, 3rd edition. Chichester, West Sussex: Wiley-Blackwell, 2011.

지은이

안나 킹

러시아 태생으로 3CN 엔터프라이즈의 CEO이며, 문화 간 위험 평가 및 관리 분야의 선구자이다. 그녀는 주요 기업과 국제기구 및 정부 부처에 자문하고 있다. 케임브리지대학교에서 철학 석사 학위를 받았으며 전 세계 대학에서 초빙 강사로 강연하고 있는 안나는 그녀가 일했던 러시아의 모스크바, 상트페테르부르크, 시베리아 등지를 비롯하여 전 세계 45개 국가에 살면서 여러 활동을 펼쳤다. 8개 국어를 구사하며 4권의 책과 수많은 기사를 썼다.

그레이스 커디히

더블린 트리니티 칼리지에서 역사학 및 러시아어 학사, UCL의 슬라브어 & 동유럽학 대학에서 러시아어 및 포스트소비에트 (소련 해체 후) 정치학 석사 학위를 받은 번역가이자 편집자다. 모스크바주립대학교에서 장학금을 받고 러시아에서 가정교사, 영어교사, 〈모스크바 타임스〉 편집자, 그리고 상트페테르부르크에서 국제 경제 포럼의 편집자와 번역가로 활약했다. 현재 러시아 교육 시장에서 컨설턴트로 활동하면서 러시아 중앙은행에서 워크숍을 운영하고 있다. 그녀의 다른 고객사로는 스콜텍, 스트렐카 연구소, 러시아 과학 아카데미 등이 있다.

옮긴이

이현숙

호주 맥쿼리대학교에서 (석사과정으로) International commu-
nication을 전공하였으며 영어 잡지와 출판사에서 다년간 편집
자로 근무하였다. 다수의 영상 번역 및 로맨스 소설을 번역하였
고, 현재 엔터스코리아에서 전문 번역가로 활동 중이며, 대학
에서 강의를 하고 있다.

　　주요 역서로는『루이스 헤이의 치유수업 나를 위로해주는 마
법의 긍정 확언』,『조금 멀리서 마음의 안부를 묻다』,『The Art
Of 소울: 디즈니 픽사 소울 아트북』,『신데렐라 프로젝트』,『스
타를 찾아서』,『모렐리의 북 카페』『그를 깨우는 향기』,『저녁
노을 그대』,『크리스마스 캐롤』,『초록빛 섬』 등 다수가 있다.

세계 문화 여행
시리즈